FRITZ OSSENBÜHL

Bestand und Erweiterung des Wirkungskreises
der Deutschen Bundespost

Schriften zum Öffentlichen Recht

Band 383

Bestand und Erweiterung des Wirkungskreises der Deutschen Bundespost

Von

Dr. iur. Fritz Ossenbühl

o. Professor an der Universität Bonn

DUNCKER & HUMBLOT / BERLIN

Alle Rechte vorbehalten
© 1980 Duncker & Humblot, Berlin 41
Gedruckt 1980 bei Buchdruckerei A. Sayffaerth - E. L. Krohn, Berlin 61
Printed in Germany
ISBN 3 428 04752 4

Vorwort

Die nachstehende Untersuchung geht auf eine Anregung des Bundesministers für das Post- und Fernmeldewesen zurück. Das Manuskript wurde im Oktober 1979 abgeschlossen.

Das Problem der Erweiterung des Wirkungskreises der Deutschen Bundespost wirft ebenso aktuelle wie grundsätzliche Fragen des Verfassungsrechts auf. Im Zentrum der Erörterungen steht nicht nur die Interpretation und inhaltliche Erfassung der verfassungsrechtlichen Begriffe des „Postwesens" und der „Bundespost" im Sinne des Grundgesetzes, sondern auch das prinzipielle Verhältnis zwischen Privatwirtschaft und Sozialwirtschaft der öffentlichen Hand. Einen wesentlichen Teil der Erörterungen nimmt deshalb auch die Problematik des Schutzeffektes der wirtschaftlichen Grundfreiheiten vor der Konkurrenz durch den wirtschaftenden Staat ein. Desgleichen stehen kompetentielle Fragen im Vordergrund, die im Bereich der Sozialwirtschaft bislang kaum Beachtung gefunden haben.

Bonn, im Mai 1980

Fritz Ossenbühl

Inhaltsverzeichnis

I. Anlaß und Gegenstand der Untersuchung 13

   1. Der Wirkungsbereich der DBP im Widerstreit staatlicher und privater Interessen 13

   2. Präzisierung der Fragestellung 15

   3. Anlage und Gang der Untersuchungen 15

II. Gegenwärtiger Zuschnitt des Wirkungskreises der DBP 17

   1. Sinn und Zweck der Bestandsaufnahme 17

   2. Typologie der Aufgaben 17

      a) Typisierung unter dem Gesichtspunkt der Rechtsgrundlage 17

         aa) Aufgaben, die vom verfassungsrechtlichen Begriff des „Postwesens" resp. der „Bundespost" umschlossen werden 17

         bb) Aufgaben, die nicht zum „Postwesen" gehören, aber der DBP aufgrund förmlichen Gesetzes zugewiesen sind 18

         cc) Aufgaben, die aufgrund eines Verwaltungserlasses übernommen worden sind 19

         dd) Aufgaben, die aufgrund einer Vereinbarung übernommen worden sind 19

      b) Gliederung nach dem Charakter und Tätigkeitsinhalt 19

         aa) Postalische Aufgaben 19

         bb) Sonstige hoheitliche Verwaltungstätigkeit 20

         cc) Teilnahme am Wirtschaftsleben 21

III. Verfassungsrechtliche Fragen 22

   1. Kompetenzfragen 22

      a) Verhältnis Bund—Länder 22

      b) Verhältnis Bund—Gemeinden 22

      c) Verhältnis Parlament—Exekutive (Gesetzesvorbehalt) 22

d) Verhältnis Verwaltungsrat—Bundesminister für das Post-
　　　　und Fernmeldewesen 23

　　2. Grundrechtsfragen 23

　　3. Legitimationsprobleme 23

　　4. Institutionelle Grenzen 23

IV. Der verfassungsrechtlich umgrenzte Bereich des „Postwesens" 25

　　1. Verdeutlichung der Fragestellung 25

　　2. Befund des Grundgesetztextes 26

　　3. Zur normativen Aussagekraft von Kompetenznormen 26

　　4. Auslegung der Begriffe „Postwesen" resp. „Bundespost" in Art. 73
　　　Nr. 7 und 87 Abs. 1 GG 30

　　　a) Kongruenz der Sachbereiche 30

　　　b) Methodische Grundlagen 31

　　　　aa) Historische Auslegung 31

　　　　bb) Grundsatz der Länderkompetenz 33

　　　　cc) Der Gedanke des Sachzusammenhangs 35

　　　c) Der Aufgabenkreis der Post in entwicklungsgeschichtlicher Sicht 36

　　　d) Folgerungen 42

　　　　aa) Kriterien für den Begriff des „Postwesens" 42

　　　　bb) Einordnung der „herkömmlichen" Dienstzweige 44

　　　　cc) Zugehörigkeit des Postscheckdienstes zum „Postwesen" .. 45

　　　　dd) Zugehörigkeit des Postsparkassendienstes zum „Postwesen" 48

　　5. Zwischenergebnis 56

　　6. Erweiterung des Bereichs des „Postwesens" 56

　　　a) Stellungnahmen im Schrifttum 56

　　　b) Rechtliche Grundlagen und Voraussetzungen einer Erweiterung 57

　　　c) Beurteilung konkreter Erweiterungsprojekte 58

　　　　aa) Von vornherein auszuscheidende Projekte 58

　　　　bb) Post-Kurier-Dienst 59

　　　　cc) Einführung einer Behältersendung (Gebinde) 60

Inhaltsverzeichnis

      dd) Annahme und Auslieferung von Reisegepäck und Expreßgut der Deutschen Bundesbahn 62

      ee) Erweiterung der Postbankdienste — Übersicht 65

      ff) Insbesondere: Entgeltliche Indienststellung des Verwaltungspotentials der DBP für private Zwecke 66

      gg) Insbesondere: Ausbau und Modifizierung des Postsparens 67

      hh) Insbesondere: konkurrenzabwehrende Erhaltung der herkömmlichen Postdienste 69

      ii) Insbesondere: offener Einstieg in die banküblichen Aktivgeschäfte 72

    d) Grenzen der Erweiterung durch Grundrechtsgarantien 72

    e) Form und Verfahren der Erweiterung 75

      aa) Zur Fragestellung 75

      bb) Zur Bedeutung des § 12 Abs. 1 Nr. 5 PostVerwG 75

      cc) Vorrang des Gesetzes 77

      dd) Vorbehalt des Gesetzes 79

  7. Gesamtergebnis zu IV. 84

V. Sonstige hoheitliche Tätigkeit der DBP 87

  1. Verdeutlichung der Fragestellung 87

  2. Konkretisierung des Agendenkreises 88

  3. Erweiterung des Bereichs der sonstigen Hoheitsverwaltung 89

    a) Grundrechtsfragen 89

    b) Kompetenzfragen 90

  4. Gesamtergebnis zu V. 95

VI. Teilnahme am Wirtschaftsleben 96

  1. Abgrenzungs- und Qualifikationsprobleme 96

    a) Herkömmliche Bereichseinteilungen 96

    b) Neuere Ansätze der Differenzierung 97

  2. Zulässigkeit der Teilnahme der öffentlichen Hand am wirtschaftlichen Wettbewerb 99

    a) Generelle Legitimationsgrundlagen 99

aa) Gewerbefreiheit der öffentlichen Hand 100
bb) Thematisch einschlägige Einzelvorschriften des Grundgesetzes 100
cc) Der Sozialisierungsartikel des Art. 15 GG 101
b) Gegenprinzipien 102
aa) Subsidiaritätsprinzip 102
bb) „Wirtschaftsverfassung" 103

3. Legitimation und Begrenzung durch den öffentlichen Zweck 105
a) Notwendigkeit eines besonderen öffentlichen Zwecks 105
b) Definition und Konkretisierung des öffentichen Zwecks 107
aa) Erwerbsabsicht kein legitimierender Unternehmenszweck 107
bb) Sonstige öffentliche Zwecke 108
cc) Konkretisierungskompetenz 109
c) Garantenstellung des Staates — Übermaßverbot 110
d) Resümee und Anwendung 111

4. Begrenzung durch Grundrechte 113
a) Stellungnahmen der Rechtsprechung 113
b) Stellungnahmen des Schrifttums 116
c) Zwischenbilanz 116
d) Grundrecht der Berufsfreiheit, Art. 12 I GG 116
aa) Beeinträchtigung des Schutzbereichs der Berufsfreiheit .. 117
bb) Stufenqualifikation 119
cc) Folgerungen 121
dd) Grundsatz der Verhältnismäßigkeit 121
e) Eigentumsgarantie, Art. 14 GG 122
aa) Faktische Beeinträchtigung des Schutzbereichs 122
bb) „Eingriff" 125
f) „Unternehmerfreiheit", Art. 2 Abs. 1 GG 126
g) Chancengleichheit im Wettbewerb, Art. 3 Abs. 1 GG 127
h) Ergebnis zu 4. 128

5. Kompetenzrechtliche Begrenzungen 128
a) Verbandskompetenz zur Sozialwirtschaft 129

Inhaltsverzeichnis

b) Wirtschaftliche Betätigung der öffentlichen Hand und Gesetzesvorbehalt 132

aa) Institutionelle Gesetzesvorbehalte 133

bb) Allgemeiner Gesetzesvorbehalt 134

c) Regierungskompetenz und Ressortkompetenz 135

d) Sog. Randnutzungen 136

6. Begrenzungen durch die öffentlich-rechtliche Rechtsform und Rechtsnatur der DBP 137

7. Begrenzungen durch einfaches Gesetzesrecht 140

a) Bundeshaushaltsordnung 140

b) Gesetz gegen den unlauteren Wettbewerb (UWG) 141

c) Gesetz gegen Wettbewerbsbeschränkungen (GWB) 142

8. Zwischenergebnis 142

9. Anwendung der Ergebnisse auf die Erweiterungsprojekte der DBP 143

a) Generelle Beurteilung 143

b) Beurteilung einzelner Erweiterungsprojekte 143

aa) Verkauf von Fahrausweisen der Dortmunder Stadtwerke AG 143

bb) Verkauf von Verpackungsmaterial 144

cc) Verkauf von Gegenständen 144

dd) Verkauf von amexco-Reiseschecks 144

ee) Bereitstellen von Programmpaketen für Postscheckkunden 144

ff) Ausweitung der Postgelddienste auf andere Bankgeschäfte, namentlich das Kreditgeschäft 145

I. Anlaß und Gegenstand der Untersuchung

1. Der Wirkungsbereich der DBP im Widerstreit staatlicher und privater Interessen

Die nachstehende Untersuchung soll die Frage klären, *ob, inwieweit* und *auf welche Weise* der bestehende Wirkungskreis der Deutschen Bundespost (DBP) erweitert werden kann. Zur Erwägung steht zum einen eine funktionelle Anreicherung der herkömmlichen Dienstleistungszweige, namentlich des Postscheck- und des Postsparkassendienstes, zum andern die Einführung neuer Dienstzweige und Dienstleistungen, die noch nicht zum Arbeitsfeld der DBP gehören. Die Antriebe und Beweggründe für solche Überlegungen folgen sowohl aus der stagnierenden und teils rückläufigen Inanspruchnahme der Postdienste[1] mit den daraus sich ergebenden ökonomischen Konsequenzen wie der Forderung nach neuen Arbeitsplätzen.

So ist die DBP aufgerufen worden, als „öffentlicher Arbeitgeber ihren Beitrag zur Bekämpfung der Arbeitslosigkeit" zu leisten und das Dienstleistungsangebot der DBP zu erneuern und auszubauen. Hierbei ist auf zehn Möglichkeiten hingewiesen worden, die als Wege zur Ausweitung des Dienstleistungsprogramms der DBP empfohlen wurden. Dazu gehören[2]

— Einführung eines Sozialdienstes („Altenhilfe") nach skandinavischem Muster als Ergänzung zur kommunalen Wohlfahrtspflege,
— Aufbau eines Kurier-Dienstes, der auf Bestellung die Beförderung privater Schriftstücke oder kleiner Güter vornimmt,
— Ausdehnung des Geldgeschäftes auf Geldwechsel (Devisen-Tausch),
— Übernahme zusätzlicher Geldtransporte für Banken,
— Einführung einer „Lotto"-Zahlkarte,
— Einführung eines gebührengünstigen Massenortsbriefes für Großbenutzer, die bislang selbst befördern (z. B. Gemeindeverwaltungen),
— Verstärkte Werbemaßnahmen für die Post-Bankdienste,

---

[1] Vgl. etwa für den Paketdienst: *Badura*, Der Paketdienst der Deutschen Bundespost, in: Jahrbuch der Deutschen Bundespost, 1977, S. 76 ff. (78); Antwort der Bundesregierung auf eine Kleine Anfrage vom 4. Juli 1977 — BTDrucks. 8/715.

[2] Vgl. Deutsche Post Nr. 10 vom 20. 5. 1977, Seite 6 und 7.

— Fahrkartenverkauf für die Deutsche Bundesbahn und andere öffentliche Verkehrsträger,

— Einführung einer DATA-Post, die Datenträger den Rechenzentren zuführen soll,

— Verkauf von Verpackungsmaterial.

Die Liste der Dienstleistungen, deren Aufnahme in das Leistungsangebot der Deutschen Bundespost erwogen wird, geht jedoch noch erheblich weiter. Sie betrifft über die bereits genannten Punkte hinaus insbesondere

— eine Ausweitung der Postbankdienste (Dispositionskredite für Teilnehmer am Gehaltskontenverfahren, Schaffung angemessener Überziehungsmöglichkeiten im Postscheckdienst, Einführung banküblicher Aktivgeschäfte, Bereitstellung von Programmpaketen für Postscheckkunden, Gewährung von Krediten im Postsparkassendienst, Ausgabe von Sparbriefen und Wertpapieren sowie Anlage von Termingeldern im Postsparkassendienst),

— Annahme und Auslieferung von Reisegepäck und Expreßgut der Deutschen Bundesbahn,

— Einführung von Container-Sendungen,

— Verkauf von Kfz-Steuerplaketten,

— Verkauf von Bundesschatzbriefen,

— Verkauf von Gegenständen für gemeinnützige (z. B. Plaketten, Medaillen) oder erwerbswirtschaftliche Zwecke (z. B. Briefpapier u. ä.),

— Erbringen von Dienstleistungen durch Vermietung von Sachmitteln und Überlassung von Personal.

Bei der Aufzählung möglicher Agenden für eine Ausweitung des Wirkungskreises der DBP ist noch nicht jener Arbeitsfelder gedacht, die das Heraufkommen neuer technischer Kommunikationsmittel wie Kabelfernsehen, Video-Text, Bildschirmtext, Bürofernschreiben, Fernkopieren usw. eröffnet. Es indiziert nicht nur die Konkurrenzsituation, sondern auch und insbesondere die grundsätzliche Lage im Spannungsfeld zwischen wirtschaftlichem Wettbewerb und der Erfüllung staatlicher Aufgaben, in der sich die DBP befindet, wenn gerade im Bereich der neuen Kommunikationsmedien der DBP weitere Aktivitäten streitig gemacht werden, und zwar nicht nur durch die Privatwirtschaft[3], sondern auch durch andere Ressorts[4].

---

[3] Vgl. etwa für den Antennenbau: „Ein Kartell zwischen Post und Großindustrie", FAZ vom 16. 12. 1978.

[4] Vgl. betreffend den Fernkopierdienst („Telefax") den Bericht über „grundsätzliche Bedenken" des Wirtschaftsministeriums, FAZ vom 13. 6. 1978: „Die Post soll den Wettbewerb nicht beschränken."

Ausweitungen der DBP werden im Namen der Marktwirtschaft und Wettbewerbsfreiheit von dritter Seite bekämpft, von der DBP selbst hingegen im Interesse einer effektiven Staatsaufgabenerfüllung angestrebt. Damit leuchtet der politische Horizont des Kampffeldes deutlich auf. Zugleich offenbaren sich aber auch einige Zentralfragen verfassungsrechtlicher Art, auf die nachstehende Untersuchung eine Antwort geben soll.

2. Präzisierung der Fragestellung

Die nachstehenden Erörterungen behandeln von der aufgezeigten Thematik nur *den Teil*, der zum „Postwesen" gehört. Das „Fernmeldewesen" und die sich mit dem Heraufkommen neuer Kommunikationsmöglichkeiten stellenden Abgrenzungsprobleme bleiben deshalb außerhalb der Betrachtungen. Eine Antwort wird insbesondere auf folgende Fragen gegeben:

a) Welche Tätigkeiten der DBP werden von dem verfassungsrechtlichen Begriff des „Postwesens" bzw. der „Bundespost" umschlossen?
b) Inwieweit kann die DBP im Rahmen der Erfüllung staatlicher (kommunaler) Aufgaben anderen Verwaltungsträgern „Erfüllungshilfe" leisten?
c) Inwieweit kann die DBP Tätigkeiten im privatwirtschaftlichen Bereich übernehmen?

2. Präzisierung der Fragestellung

Die vorstehenden Fragestellungen sind erkennbar an juristischen Kategorien von Agenden und Handlungsbereichen orientiert. In der Tat wird es für die Frage nach der Zulässigkeit einer Ausweitung der Postdienste in erster Linie auf die Zuordnung zu solchen juristisch orientierten Handlungsbereichen (hoheitliche Verwaltung, privatwirtschaftliches Handeln) ankommen. Um die sich stellenden Zuordnungsprobleme zu bewältigen, ist es deshalb notwendig, die Agenden der Post unter rechtlichen Gesichtspunkten aufzuschlüsseln. So wird in drei Hauptteilen untersucht,

— wieweit sich die Agenden des „Postwesens" im verfassungsrechtlichen Sinne erstrecken,
— inwieweit die DBP sonstige hoheitliche Verwaltungstätigkeit ausübt,
— wo die Tätigkeit der DBP in das Feld der Privatwirtschaft hineinragt und sich als Teilnahme am wirtschaftlichen Leben, genauer am wirtschaftlichen Wettbewerb qualifizieren läßt.

Vorab erscheint es jedoch nützlich und geboten, in einer beschreibenden Überschau zunächst die bisherigen Dienstleistungen der DBP darzustellen und die Frage der Ausweitung des Dienstleistungsprogramms der DBP an den vorhandenen Bestand anzuschließen, um ermitteln zu können, wo (lediglich) immanente Erweiterungen vorhandener Dienstzweige stattfinden und wo über die Dimensionen der bisherigen Dienstleistungszweige hinausgegangen werden soll.

II. Gegenwärtiger Zuschnitt des Wirkungskreises der DBP

1. Sinn und Zweck der Bestandsaufnahme

Die nachstehende Bestandsaufnahme über den gegenwärtigen Aufgabenkreis der DBP verfolgt mehrere Zwecke. Sie soll, wie schon gesagt, zum einen die erforderlichen Informationen geben, auf deren Grundlage eine Erweiterung des Aufgabenkreises verfassungsrechtlich konkret untersucht werden kann. Zum andern erscheint sie sinnvoll, um auf der Grundlage einer groben Typisierung des vorhandenen Aufgabenbestandes die sich stellenden verfassungsrechtlichen Fragen zu differenzieren und zu präzisieren. Die Bestandsaufnahme dient also im wesentlichen einer Verdeutlichung der gestellten juristischen Fragen und einer Vorbereitung der Problemlösung.

2. Typologie der Aufgaben

Unter rechtlichen Kriterien und Kategorien lassen sich die Aufgaben, die der DBP gegenwärtig gestellt sind, namentlich unter zwei Gesichtspunkten typisieren: zum einen nach der Rechtsgrundlage, auf der die Aufgaben beruhen, zum andern nach dem Tätigkeitsinhalt der Aufgaben.

a) Typisierung unter dem Gesichtspunkt der Rechtsgrundlage

aa) Aufgaben, die vom verfassungsrechtlichen Begriff des „Postwesens" resp. der „Bundespost" umschlossen werden

Das Grundgesetz ordnet die Gesetzgebungskompetenz für das „Postwesen" gemäß Art. 73 Nr. 7 dem Bund zu und schreibt vor, daß die „Bundespost" in „bundeseigener Verwaltung mit eigenem Verwaltungsunterbau" geführt wird (Art. 87 Abs. 1).

Nach der im Schrifttum vertretenen Auffassung zählen zum „Postwesen" in diesem Sinne[5] die in § 1 PostG genannten, als „klassisch" apostrophierten Tätigkeitsbereiche, nämlich

---

[5] Die Begriffe „Postwesen" und „Bundespost" können, was den Agendenbereich angeht, als deckungsgleich angesehen werden.

II. Gegenwärtiger Zuschnitt des Wirkungskreises der DBP

— der Brief-, Paket-, Postanweisungs- und Postauftragsdienst,

— der Postzeitungsdienst,

— der Postreisedienst,

— der Postscheckdienst,

— der Postsparkassendienst.

An dieser Stelle muß es mit dieser Feststellung sein Bewenden haben. Die Frage, ob mit den aufgezählten Tätigkeitsbereichen das Arbeitsfeld des „Postwesens" richtig umrissen und ausgeschöpft ist, wird Gegenstand ausführlicher Untersuchungen sein. Desgleichen bedarf noch der näheren Darlegung, welche rechtlichen Folgerungen sich ergeben, wenn ein bestimmtes Tätigkeitsfeld unter den verfassungsrechtlichen Begriff der „Postwesens" subsumiert werden kann. Nur soviel sei bereits an dieser Stelle hervorgehoben: alle Tätigkeitsbereiche, die sich dem „Postwesen" im verfassungsrechtlichen Sinne zuordnen lassen, gehören zum verfassungsrechtlich legitimierten und verfassungsfesten Aufgabenbestand der DBP.

bb) Aufgaben, die nicht zum „Postwesen" gehören, aber der DBP aufgrund förmlichen Gesetzes zugewiesen sind

Zur Erfüllung ihrer Aufgaben unterhält die DBP ein flächendeckendes Kommunikationsnetz. Es liegt nahe, daß der Gesetzgeber dieses Potential auch zur Erfüllung von Aufgaben in anderen Sachbereichen nutzbar macht. Beispielhaft seien genannt

— die Erhebung von Wechselprotesten nach Art. 79 WG,

— die Auszahlung von Versicherungsrenten nach den §§ 620, 1296 RVO, § 73 AVG und § 89 RKG nebst dazugehörigen Aufgaben wie z. B. Führung und Aktualisierung des EDV-Rentenbestandes, Rückforderung überzahlter Rentenbeträge, Durchführung der Rentenanpassungen, Einfordern von Bescheinigungen zur Prüfung des Weiterbestehens der Zahlungsvoraussetzungen usw.,

— die Aufbewahrung niedergelegter Schriftstücke nach § 182 ZPO,

— der Vertrieb von Wechselsteuermarken nach § 7 Abs. 2 WStDV[6].

Andere inzwischen weggefallene Aufgaben sind die Auszahlung von Versorgungsrenten (§ 66 BVG), die nunmehr im Postscheckwege erfolgt, und der Vertrieb von Rentenversicherungsmarken[7].

---

[6] i. d. F. v. 20. 4. 1960 (BGBl. I, S. 274).

[7] Vgl. ferner die Aufzählung weiterer inzwischen entfallener Agenden bei *Sautter*, Geschichte der Deutschen Post, Teil 3, 1951, S. 204 ff.

cc) Aufgaben, die aufgrund eines Verwaltungserlasses übernommen worden sind

Hierher gehört beispielsweise die Erstattung von Visagebühren, die bei Reisen in die DDR zu zahlen sind.

dd) Aufgaben, die aufgrund einer Vereinbarung übernommen worden sind

Früher war die DBP mit der Einziehung der Rundfunkgebühren beauftragt. Die Rundfunkgebühr in ihrer jetzigen Gestalt gehört nicht zum Recht des Post- und Fernmeldewesens[8]. Vielmehr werden die Rundfunkgebühren als landesrechtlich geregelte Abgaben zur Finanzierung der Rundfunkanstalten verstanden[9]. — Obwohl Landesgesetze nur von Landesbehörden ausgeführt werden dürfen, hat das Bundesverwaltungsgericht es für unbedenklich gehalten, die Bundespost mit Inkassoaufgaben der Rundfunkanstalten zu beauftragen. Dementsprechend wurden die Rundfunkgebühren aufgrund einer Verwaltungsvereinbarung mit den Landesrundfunkanstalten von der DBP eingezogen. Inzwischen haben die Landesrundfunkanstalten diese Aufgabe durch ihre Gebühreneinzugsstelle selbst übernommen.

Zu nennen ist ferner der seit dem 9.1.1978 betriebene Verkauf und die Einlösung von amexco-Reiseschecks aufgrund einer Vereinbarung mit der American Express Company. Die Reiseschecks werden in amerikanischer, deutscher, englischer, französischer, kanadischer und schweizerischer Währung ausgegeben, sind unbegrenzte Zeit gültig und können in allen Ländern der Erde bei Geldinstituten eingelöst oder in Hotels, Gaststätten, Tankstellen usw. in Zahlung gegeben werden. Ausgabe und Einlösung der Schecks durch die DBP erfolgen im Namen und für Rechnung der American Express Company. Für die Einlösung wird eine Gebühr erhoben, die in der Auslandspostgebührenordnung festgesetzt ist.

b) Gliederung nach dem Charakter und Tätigkeitsinhalt

Geht man von dem Charakter und Tätigkeitsinhalt der Aufgaben aus, die der DBP gestellt sind, so ergibt sich folgende Gruppierung.

aa) Postalische Aufgaben

Dazu rechnen alle Aufgaben, die von dem verfassungsrechtlichen Begriff des „Postwesens" umschlossen sind. Sie bilden den Kernbestand

---
[8] BVerwGE 29, 214.
[9] Vgl. *Herrmann*, Fernsehen und Hörfunk in der Verfassung der Bundesrepublik Deutschland, 1975, S. 283.

des Aufgabenkataloges der DBP. Gemeint sind die schon zitierten in § 1 PostG aufgeführten Dienstleistungszweige. Innerhalb dieser Dienstleistungszweige ist wiederum zu unterscheiden zwischen dem Monopolbereich und dem Konkurrenzbereich. Nur für einen Teil ihrer „klassischen" Aufgaben besitzt die DBP im Anschluß an das frühere Postregal und den Postzwang einen Beförderungsvorbehalt. Nach § 2 PostG ist das Errichten und Betreiben von Einrichtungen zur entgeltlichen Beförderung von Sendungen mit schriftlichen Mitteilungen oder mit sonstigen Nachrichten von Person zu Person der DBP ausschließlich vorbehalten. Außerhalb des Beförderungsvorbehaltes, also im Bereich der nicht-monopolgebundenen Aufgaben (insbes. also Postreisedienst, Paketdienst, Postscheckdienst, Postsparkassendienst), steht die DBP im Wettbewerb mit anderen, insbes. privatwirtschaftlichen Anbietern. Diese Konkurrenzlage verändert jedoch den Charakter der postalischen Aufgaben als *staatliche* Aufgaben nicht. Es steht außer Zweifel, daß die DBP eine *Hoheitsverwaltung* des Bundes darstellt. Die postalischen Aufgaben, zu denen die „klassischen" Dienstzweige zählen, stellen deshalb ihrem Charakter nach staatlich-hoheitliche Aufgaben dar, soweit sie von der DBP wahrgenommen werden[10].

bb) *Sonstige hoheitliche Verwaltungstätigkeit*

In dieser Gruppe sind alle Aufgaben der DBP anzusiedeln, die weder zu den „postalischen Aufgaben" im vorgenannten Sinne gehören noch der privatwirtschaftlichen Tätigkeit zugeordnet werden können. Von den schon aufgezählten Aufgaben gehören dazu beispielsweise die Erhebung von Wechselprotesten, die Auszahlung von Versicherungsrenten sowie die damit zusammenhängenden Aufgaben, die Aufbewahrung niedergelegter Schriftstücke, der Vertrieb von Wechselsteuermarken, die Erstattung von Visagebühren.

Für die Abgrenzung gegenüber den „postalischen" Aufgaben kann vorbehaltlich einer noch vorzunehmenden näheren Prüfung[11] auf den Katalog der „klassischen" Dienstzweige zurückgegriffen werden, die

---

[10] Vgl. *Ernst Rudolf Huber*, Wirtschaftsverwaltungsrecht, I. Band, 2. Aufl. 1953, S. 499 ff.; *Badura*, Der Paketdienst der Deutschen Bundespost, in: Jahrbuch der Deutschen Bundespost, 1977, S. 90; soweit die nicht-monopolgebundenen Aufgaben von privaten Unternehmen wahrgenommen werden, stellen sie öffentliche, aber nicht staatliche Aufgaben dar (vgl. zum Unterschied zwischen öffentlichen und staatlichen Aufgaben: *Hans Peters*, Öffentliche und staatliche Aufgaben, in: Festschrift für H. C. Nipperdey, 1965, S. 877 ff.; *Hans H. Klein*, Zum Begriff der öffentlichen Aufgabe, DÖV 1965, 755 ff.; *Martens*, Öffentlich als Rechtsbegriff, 1969, S. 123 ff.; *Michael Krautzberger*, Die Erfüllung öffentlicher Aufgaben durch Private, 1971, S. 106 ff.; *Hans Peter Bull*, Die Staatsaufgaben nach dem Grundgesetz, 1973, S. 47 ff.; *Fritz Ossenbühl*, Die Erfüllung von Verwaltungsaufgaben durch Private, VVDStRL 29, 137 ff. [150 ff.]).

[11] Dazu sogleich unter IV.

in § 1 PostG genannt sind. Gegenüber den privatwirtschaftlichen Tätigkeiten kommt es für die Grenzziehung darauf an, ob die jeweilige Aufgabe als *staatliche* Aufgabe identifiziert werden kann, die die DBP als Hoheitsträgerin oder als Teilnehmerin am allgemeinen Wirtschaftsleben erfüllt.

cc) Teilnahme am Wirtschaftsleben

Bei der Teilnahme der öffentlichen Hand am Wirtschaftsleben unterscheidet man gewöhnlich drei Bereiche: die Bedarfsdeckungsgeschäfte, die Vermögensverwertungsgeschäfte und die Teilnahme öffentlicher Unternehmen am wirtschaftlichen Wettbewerb[12].

Von ihnen findet jener Bereich am meisten juristische Beachtung, in welchem die öffentliche Hand als Produzentin von Gütern auftritt und der Privatwirtschaft Konkurrenz macht.

Von den gegenwärtigen von der DBP unmittelbar wahrgenommenen Tätigkeiten wird man unter diese Kategorie der Teilnahme am Wirtschaftsleben den Verkauf von Verpackungsmaterial sowie den Verkauf und die Einlösung von amexco-Reiseschecks zu fassen haben. Denn hierbei handelt es sich um eine Aufgabe, die weder essentiell zu den postalischen Tätigkeiten im Sinne des § 1 PostG gehört, noch sich aus einem anderen Grunde als hoheitliches Handeln qualifizieren läßt. Von den neu ins Auge gefaßten Tätigkeiten wären hierher zu rechnen der Fahrkartenverkauf für die Deutsche Bundesbahn und andere Verkehrsträger, der Verkauf von Gegenständen für gemeinnützige oder erwerbswirtschaftliche Zwecke und das Erbringen von Dienstleistungen durch Vermietung von Sachmitteln und Überlassung von Personal. Im übrigen bedürfte die Zuordnung der Dienste einer besonderen Prüfung, die hier nicht vorweggenommen werden soll.

Zur privatwirtschaftlichen Tätigkeit der DBP gehört auch die Teilnahme am Wettbewerb durch Tochtergesellschaften, deren Alleingesellschafter die DBP ist, oder durch Beteiligungen an privaten Unternehmen. Hierzu gehört beispielsweise die allein von der DBP betriebene Deutsche Postreklame GmbH Frankfurt/Main, die sich mit der Nutzung der für Werbezwecke freigegebenen Einrichtungen der DBP beschäftigt. Zu nennen sind ferner die Beteiligungen der DBP an gemeinnützigen Wohnungs(bau)gesellschaften, die im Interesse der Postbediensteten entstanden sind, und die Beteiligungen an anderen verkehrswirtschaftlichen Unternehmen[13].

---

[12] Vgl. *Dieter Wilke / Jens Schachel*, Probleme fiskalischer Betätigung der öffentlichen Hand, in: Wirtschaft und Verwaltung, 1978, S. 95 ff.
[13] Vgl. Beteiligungen des Bundes 1977, S. 350 ff.; danach ist die DBP an zwei Unternehmen in der Rechtsform des öffentlichen Rechts und an 27 Unternehmen in der Rechtsform des privaten Rechts beteiligt. Rund 67 v. H.

III. Verfassungsrechtliche Fragen

Aufgrund der bisherigen Übersicht lassen sich die verfassungsrechtlichen Fragen wie folgt näher bestimmen.

1. Kompetenzfragen

Eine Erweiterung des Wirkungskreises der DBP kann gegenüber anderen Trägern der öffentlichen Verwaltung im öffentlich-rechtlichen Kompetenzsystem ihre Grenzen finden. Dies gilt in mehrfacher Richtung.

a) Verhältnis Bund—Länder

Zunächst taucht die Frage auf, ob sich im Verhältnis zwischen Bund und Ländern Kompetenzprobleme ergeben, die einer Ausdehnung des Leistungsangebotes der DBP entgegenstehen. Diese Frage wäre für den Bereich der Hoheitsverwaltung aufgrund der Art. 30, 83 ff. GG zu klären, aber auch für den privatwirtschaftlichen Sektor zu stellen.

b) Verhältnis Bund—Gemeinden

Weniger bedeutsam, aber nicht unerheblich ist die Kompetenzgrenze zwischen Bund und Gemeinden, da das Projekt eines Sozialdienstes überkommene kommunale Agenden berühren würde.

c) Verhältnis Parlament—Exekutive (Gesetzesvorbehalt)

Ergeben sich für eine Aufgabenausweitung der DBP unter dem Gesichtspunkt der Verbandskompetenz gegenüber anderen Trägern der öffentlichen Verwaltung keine durchgreifenden Kompetenzkonflikte, so taucht die weitere Frage auf, ob die Entscheidung über die Aufgabenausweitung von der Exekutive in eigener Kompetenz getroffen werden kann oder ob es dazu eines durch den Bundestag beschlossenen förmlichen Gesetzes bedarf.

---

des Beteiligungsvermögens entfallen auf Anteile an Wohnungsgesellschaften, weitere 30 v. H. auf verkehrswirtschaftliche Unternehmen (Deutsche Lufthansa AG und 5 Omnibusunternehmen). Hinzu kommt die Beteiligung an der Deutschen Telepost Consulting GmbH Bonn, die sich mit der Beratung bei ausländischen Post- und Fernmeldeverwaltungen befaßt; genauere Nachweise: Geschäftsbericht der DBP, 1978, S. 105.

d) Verhältnis Verwaltungsrat— Bundesminister für das Post- und Fernmeldewesen

Sollte eine Erweiterungsentscheidung in die Zuständigkeit der Exekutive fallen, so bleibt des weiteren zu prüfen, ob sie durch den Verwaltungsrat der DBP oder/und durch den Bundesminister für das Post- und Fernmeldewesen getroffen werden kann.

2. Grundrechtsfragen

Kompetenzfragen in einem weiteren Sinne sind auch die sich stellenden Grundrechtsfragen, denn die Grundrechtsverbürgungen sind als „Ausgrenzungen" bürgerlicher Freiheitsräume zugleich Abgrenzungen zwischen den Betätigungsräumen der Gesellschaft (verstanden als Inbegriff des Privaten) und des Staates. Besondere Bedeutung haben die Grundrechte für den Raum erwerbswirtschaftlicher Betätigung. Aber es bleibt ebenso zu prüfen, ob sie nicht auch dort ihre begrenzende Kraft entfalten, wo der Staat in Gestalt der DBP als Hoheitsträger (und nicht in seiner Rolle als „Fiskus") mit privaten Unternehmen in eine Konkurrenzlage tritt, wie dies im Bereich der nicht-monopolgebundenen postalischen Aufgaben der Fall ist (z. B. Paketdienst).

3. Legitimationsprobleme

Im Zusammenhang mit der Prüfung von Grundrechtspositionen stellen sich Legitimationsprobleme. Dies bedeutet, daß geprüft werden muß, ob die öffentliche Hand, wenn sie sich in den Bereich der Privatwirtschaft ausdehnen möchte, hierzu einer besonderen Rechtfertigung bedarf und falls ja, welche Gründe vorliegen müssen, um die jeweilige Ausdehnung als rechtlich legitim zu erachten. Hierbei dürfte auf der Hand liegen, daß sich Unterschiede ergeben, je nachdem, ob die erwogene Ausdehnung auf dem Felde der verfassungsrechtlich ausdrücklich legitimierten postalischen Dienstzweige liegt oder dem privatwirtschaftlichen Bereich zuzuordnen ist.

4. Institutionelle Grenzen

Schließlich bestehen, was zu prüfen bleibt, möglicherweise Begrenzungen für eine Ausdehnung des Tätigkeitsfeldes der DBP, die sich aus deren *institutioneller Sonderstellung* ergeben. Diese Sonderstellung besteht zum einen darin, daß „das dem Post- und Fernmeldewesen gewidmete und bei seiner Verwaltung erworbene Bundesvermögen"

III. Verfassungsrechtliche Fragen

als Sondervermögen des Bundes von dem übrigen Vermögen des Bundes getrennt zu halten ist (§ 3 PostVerwG). Das Vermögen der DBP ist also ein einem bestimmten Zweck gewidmetes Sondervermögen, so daß die Frage auftaucht, ob die Zwecke, denen dieses Vermögen gewidmet ist, beliebig ausgedehnt werden können.

Zum andern ergibt sich aus der Gesetzeslage, daß die Postbenutzungsverhältnisse der DBP *öffentlich-rechtlich* ausgestaltet sind. Will man dieser Gesetzesordnung die Aussage entnehmen, daß die DBP nur öffentlich-rechtlich agieren darf, wäre ihr damit ebenfalls kraft vorgeschriebener Rechtsform des Handelns das Vordringen in bestimmte Agenden versperrt.

Die folgenden Untersuchungen werden das Problem der Ausdehnung des Wirkungskreises der DBP unter Berücksichtigung der soeben aufgeworfenen Fragestellungen getrennt nach den genannten drei Handlungsbereichen (postalischer Bereich, hoheitlicher Bereich, privatwirtschaftlicher Bereich) des näheren beleuchten.

IV. Der verfassungsrechtlich umgrenzte Bereich des „Postwesens"

1. Verdeutlichung der Fragestellung

Im ersten Abschnitt der Untersuchungen geht es um die Frage, welche Dienstleistungszweige der DBP durch den Kompetenztitel des „Postwesens" abgedeckt werden. Die Antwort auf diese Frage muß durch eine Auslegung der einschlägigen grundgesetzlichen Vorschriften gefunden werden. Insoweit ist der Untersuchungsgang der weiteren Überlegungen vorgegeben.

Indessen muß von Anfang an im Auge behalten werden, welche rechtlichen Folgerungen sich mit der Umgrenzung des postalischen Bereichs im engeren Sinne verbinden. Wie schon dargetan, stellt sich das in dieser Untersuchung gestellte Problem der Erweiterung des postalischen Wirkungskreises als ein Problem der Zuständigkeitsabgrenzung nach mehreren Seiten: insbesondere einerseits im föderalistischen Spannungsfeld *gegenüber den Ländern* und andererseits im Spannungsfeld zwischen Staat und Gesellschaft *gegenüber den Bürgern*, genauer gesagt der Privatwirtschaft. Die Aufteilung der Staatsgewalt zwischen Bund und Ländern hat das Grundgesetz durch ein ausgefeiltes System von Kompetenzregeln geordnet. Die Abgrenzung zwischen der Staatsgewalt auf der einen und dem privaten Betätigungsraum auf der anderen Seite wird dominierend durch die Grundrechtsverbürgungen bestimmt. Die rechtliche Relevanz der Zuordnung eines postalischen Dienstzweiges zum „Postwesen" im verfassungsrechtlichen Sinne kann sich darin zeigen, daß dieser Dienstleistungszweig als „Staatsaufgabe" zu qualifizieren ist und als solche nicht nur zum Kompetenzbereich des Bundes gehört, sondern auch ganz oder teilweise gegen grundrechtliche Abwehrpositionen immunisiert ist. Sollte dies der Fall sein, ergäben sich für die Frage der Erweiterung des Wirkungskreises der DBP im postalischen Bereich — jedenfalls aus grundrechtlicher Sicht — geringere Hindernisse als in den übrigen Dienstleistungszweigen. Läßt sich hingegen ein Dienstleistungszweig oder eine bestimmte Tätigkeit nicht oder nicht mehr unter den Kompetenztitel „Postwesen" subsumieren, so ist damit noch kein endgültiges Urteil über die Frage der Erweiterung gesprochen, vielmehr steht in diesem Falle nur fest, daß der Kompetenzausweitung der DBP in

IV. Der verfassungsrechtlich umgrenzte Bereich des „Postwesens"

diesem Falle möglicherweise höhere Hindernisse verfassungsrechtlicher Art im Wege stehen.

2. Befund des Grundgesetztextes

Der Begriff der „Post" resp. des „Post- und Fernmeldewesens" taucht im Grundgesetz an mehreren Stellen und in verschiedenen Zusammenhängen auf[14]. Die Art. 10 Abs. 1, 18 und 44 Abs. 2 Satz 1 GG befassen sich ausschließlich mit dem Post- und Fernmeldegeheimnis und scheiden demzufolge für die hier interessierende Abgrenzung von Kompetenzen zwischen Bund und Ländern sowie Staat und Gesellschaft aus[15]. Dasselbe gilt für Art. 80 Abs. 2 GG, der den Erlaß von Benutzungsverordnungen auf dem Gebiet des „Post- und Fernmeldewesens" der Zustimmung des Bundesrates unterwirft. Schließlich ist auch Art. 130 GG für den gestellten Zusammenhang ohne Bedeutung.

Einer näheren Betrachtung bedürfen hingegen die Art. 73 Nr. 7 und 87 Abs. 1 Satz 1 GG. Art. 73 Nr. 7 reserviert das „Post- und Fernmeldewesen" für die ausschließliche Gesetzgebung des Bundes. Art. 87 Abs. 1 Satz 1 GG bestimmt, daß die „Bundespost" in bundeseigener Verwaltung mit eigenem Verwaltungsunterbau zu führen ist. Beide Regelungen betreffen die Verteilung der Staatsgewalt in Gesetzgebung und Verwaltung auf Bund und Länder. Sie enthalten deshalb unmittelbar verfassungsrechtliche Aussagen über die Verbandskompetenz im Sachbereich des „Postwesens". Hingegen stellt sich die Frage, ob die vorgenannten Kompetenzbestimmungen auch normative Gehalte für die Abgrenzung der Kompetenzbereiche zwischen Staat und Gesellschaft implizieren.

3. Zur normativen Aussagekraft von Kompetenznormen

Von ihrer rechtssystematischen Stellung her gesehen regeln die Art. 73 Nr. 7 und 87 Abs. 1 GG nur das Verhältnis zwischen Bund und Ländern, während die Abgrenzung zwischen Staat und Privatbereich vornehmlich durch die Grundrechte geordnet wird. Gleichwohl wird im einschlägigen Schrifttum durchweg angenommen, daß mit den Begriffen des „Postwesens" und der „Bundespost" auch der gesellschaftliche Bereich abgegrenzt werde. Eine solche Annahme ist unter dem Gesichtspunkt des Regelungsziels der genannten Verfassungsvorschriften keineswegs selbstverständlich.

---

[14] Vgl. Art. 10 Abs. 1, 18, 44 Abs. 2 Satz 1, 73 Nr. 7, 80 Abs. 2, 87 Abs. 1 Satz 1, 130 GG.

[15] Anders *Badura*, Der Paketdienst der Deutschen Bundespost, in: Jahrbuch der DBP 1977, S. 150, der auch Art. 10 GG heranzieht.

3. Zur normativen Aussagekraft von Kompetenznormen

Allerdings ist in der einschlägigen staatsrechtlichen Literatur und auch in der Verfassungspraxis heute nicht mehr umstritten, daß den Kompetenznormen der Verfassung „auch eine materiell-rechtliche Dimension" abzugewinnen ist[16]. Schwierigkeiten bestehen jedoch nach wie vor, das Quantum jener „materiell-rechtlichen Dimension" zu bestimmen.

Zuständigkeitsnormen weisen einem Hoheitsträger Sachaufgaben zu. Zuständigkeiten setzen demzufolge die Existenz von Aufgaben voraus. Daraus folgt, daß, wenn die Verfassung einem Hoheitsträger Sachaufgaben zuweist, vorausgesetzt wird, daß diese Sachaufgabe eine „Staatsaufgabe" darstellt[17]. Eine verfassungsrechtlich begründete Zuständigkeit schließt logischerweise das Dürfen zu einer Aktivität ein; der Gegenstand dieser Aktivität ist, jedenfalls soweit der zuständige Hoheitsverband sich seiner annimmt, eine Staatsaufgabe. Deshalb erlauben die Kompetenznormen des Grundgesetzes trotz ihres primär anders, nämlich auf die Bund-Länder-Abgrenzung gerichteten Regelungsziels die Folgerung, daß die mit der Zuständigkeitsregelung angesprochene Sachaufgabe verfassungskräftig zur Staatsaufgabe „erhoben" worden ist[18].

Die Gegenthese von der „reinen Kompetenz" kann heute als überholt angesehen werden[19]. Sie hat insbesondere in der für die Praxis maßgeblichen Rechtsprechung des Bundesverfassungsgerichts keinen Widerhall gefunden. Die vorliegenden Entscheidungen des Bundesverfassungsgerichts lassen vielmehr die materiellrechtliche Dimension von Zuständigkeitsvorschriften der Verfassung deutlich hervortreten. So hat das Bundesverfassungsgericht bei der verfassungsrechtlichen Beurteilung des Branntweinmonopols aus Art. 105 Abs. 1, 106 Abs. 1 und 108 Abs. 1 GG, die die Zuständigkeit des Bundes für Finanzmonopole begründen, geschlossen, daß diese Vorschriften zugleich eine „Anerkennung" der Existenzberechtigung von Finanzmonopolen, und eine

---

[16] Vgl. *Badura*, Der Paketdienst der DBP, Jahrbuch der DBP 1977, S. 149; *Pestalozza*, Der Garantiegehalt der Kompetenznorm, in: Der Staat 11 (1972), S. 161 ff.; *Bull*, Die Staatsaufgaben nach dem Grundgesetz, 1973, S. 152; BVerfGE 14, 105 (111); 21, 245 (248); 41, 205 (217).

[17] Vgl. *Bull*, Die Staatsaufgaben nach dem Grundgesetz, 1973, S. 152.

[18] Vgl. *Feigenbutz*, Die Bindungen des Post- und Fernmeldewesens an und durch das Rechtsinstitut der Gebühr, 1977, S. 54; *Badura*, Der Paketdienst der Deutschen Bundespost, Jahrbuch der DBP, 1977, S. 149 ff.; *Walter Schmidt*, Bundespost und Bundesbahn als Aufgaben der Leistungsverwaltung, NJW 1964, 2390 ff.; *Liesegang*, Die verfassungsrechtliche Ordnung der Wirtschaft, 1977, S. 69; *Bull*, Die Staatsaufgaben nach dem Grundgesetz, 1973, S. 52 f., 152 ff.; *Ehmke*, Prinzipien der Verfassungsinterpretation, VVDStRL 20, 53 ff. (90); *Scheuner* (Hg.), Die staatliche Einwirkung auf die Wirtschaft, 1971, S. 35; *Pestalozza*, Der Garantiegehalt der Kompetenznormen, in: Der Staat 11 (1972), S. 161 ff.

[19] Vgl. die Nachweise bei *Pestalozza* (FN 18), S. 167.

IV. Der verfassungsrechtlich umgrenzte Bereich des „Postwesens"

„Bestätigung" des Bestandes der bei Erlaß des Grundgesetzes vorhandenen beiden Finanzmonopole (Branntweinmonopol und Zündwarenmonopol) sowie die „Billigung ihrer Struktur im großen"[20] bedeuten. — In einer weiteren Entscheidung betreffend die landesrechtlichen Gebäudeversicherungsmonopole heißt es unter ausdrücklicher Zitierung der vorgenannten Entscheidung wie folgt:

„In ähnlicher Weise ist der Regelung über die Gesetzgebungszuständigkeit in Art. 74 Nr. 11 GG zu entnehmen, daß jedenfalls die zur Zeit des Inkrafttretens des Grundgesetzes bestehenden Versicherungsmonopole als solche anerkannt sind. Infolgedessen sind diejenigen Beschränkungen der freien wirtschaftlichen Betätigung des Einzelnen im Prinzip hingenommen und gebilligt, die sich aus der vom Grundgesetz angetroffenen Struktur der Monopole notwendig ergeben[21]."

Die vorgenannte Entscheidung des Bundesverfassungsgerichts aus dem Jahre 1976 gibt in aller Deutlichkeit wieder, daß die Kompetenznormen der Verfassung durchaus auch gegenüber dem Bereich freier privater wirtschaftlicher Betätigung normative Aussagekraft entfalten können. Der Einwand, eine solche „materielle" Aufladung von Kompetenznormen durchlöchere die Grundrechte[22], verfängt demgegenüber nicht. Allerdings ist es durchaus zutreffend, daß die materiellrechtliche Anreicherung von Kompetenznormen der Verfassung den grundrechtlichen Vorschriften Substanz und Abwehrkraft gegenüber staatlichen Aktivitäten nimmt. Indessen ist dies unvermeidlich, will man die Verfassung als eine Regelungseinheit begreifen, bei der nicht einzelne Vorschriften isoliert ausgelegt und inhaltlich erfaßt werden können, sondern vielmehr aufeinander bezogen und miteinander abgestimmt werden müssen. Auch die Ausbalancierung zwischen materiellen Gehalten von Kompetenznormen der Verfassung auf der einen und Grundrechtspositionen auf der anderen Seite ist eine solche Aufgabe der Verfassungsinterpretation, auf die an späterer Stelle noch im einzelnen zurückzukommen ist[23].

Zunächst sei jedenfalls festgehalten, daß die in der Verfassung festgelegten Kompetenzmaterien (auch) dem staatlichen Verantwortungsbereich zugewiesen werden[24]. Es ist eine ganz andere Frage, ob die Sachaufgabe, die Gegenstand einer Kompetenznorm ist, für den Staat monopolisiert wird oder ob sie von Privaten konkurrierend erfüllt

---

[20] *BVerfGE* 14, 105 (111).
[21] *BVerfGE* 41, 205 (218); nicht in diese Linie paßt freilich *BVerfGE* 21, 245 (248) (betr. Arbeitsvermittlungsmonopol).
[22] So insbesondere *Biermann*, Die Zulässigkeitsvoraussetzungen staatlicher Monopole im Grundgesetz, Diss. Mainz 1965, S. 164 ff.
[23] Vgl. dazu unten sub 6. c).
[24] Vgl. *Lerche*, Föderalismus als nationales Ordnungsprinzip, VVDStRL 21, S. 77; *Walter Schmidt*, Bundespost und Bundesbahn als Aufgaben der Leistungsverwaltung, NJW 1964, 2391.

werden kann. Ferner ist die Zuweisung einer Sachmaterie an den staatlichen Gesetzgeber noch längst nicht stets ein Beleg dafür, daß der Staat *mehr* kann als diese Sachmaterie *gesetzlich zu ordnen*, was seinerseits staatliche Aufgabe ist und staatliche Verantwortung begründet. Beispielsweise schließt die in Art. 74 Nr. 11 GG vorgesehene Kompetenz des Bundes, das „Recht der Wirtschaft" gesetzlich zu ordnen, nicht die weitere Folgerung ein, daß die „Wirtschaft" (nur) zum Staatsbereich und „Wirtschaften" zur Staatsaufgabe werde. Für das Postwesen liegen die Dinge insofern allerdings besonders, als das Grundgesetz für diesen Sachbereich kompetentielle und, wie Art. 87 Abs. 1 GG zeigt, auch *institutionelle Vorgaben* gesetzt hat, die auf den Staatsaufgabencharakter schließen lassen[25].

Die materielle Anreicherung von Kompetenznormen hat nach den vorstehenden Ableitungen ihre Berechtigung nur bei jenen Kompetenzbestimmungen, die *konkrete* Sachgegenstände betreffen, nicht dagegen für *pauschale* Zuständigkeitsnormen, wie beispielsweise Art. 30 GG[26]. Demzufolge läßt sich jedenfalls aus den Kompetenzbestimmungen der Art. 73 Nr. 7 und 87 Abs. 1 Satz 1 GG der Schluß ziehen, daß das Grundgesetz die unter den Begriffen „Postwesen" resp. „Bundespost" zu fassenden Dienstleistungszweige als *staatliche Aufgaben* voraussetzt, und zwar zum einen als eine *Bundes*aufgabe, zum andern aber auch als *staatliche* Aufgabe, die in Abgrenzung zum gesellschaftlichen Bereich verfassungsrechtlich legitimiert ist und in ihrer Existenz nicht der Disposition des einfachen Gesetzgebers unterliegt, wenngleich sie in ihren Modalitäten vom Gesetzgeber ausgeformt werden muß[27]. Eine noch zu prüfende Frage ist die, inwieweit die verfassungsrechtliche Prädizierung als Staatsaufgabe sich gegenüber Grundrechtspositionen konkret auswirkt.

---

[25] Vgl. *Köttgen*, Der Einfluß des Bundes auf die deutsche Verwaltung und die Organisation der bundeseigenen Verwaltung, JöR N. F. 3 (1954), S. 77.

[26] Vgl. *Lerche*, Föderalismus als nationales Ordnungsprinzip, VVDStRL 21, S. 77; *Bull*, Die Staatsaufgaben nach dem Grundgesetz, 1973, S. 52 f.; 152 f.; *Ehmke*, Prinzipien der Verfassungsinterpretation, VVDStRL 20, 53 ff. (90); *Walter Schmidt*, Bundespost und Bundesbahn als Aufgaben der Leistungsverwaltung, NJW 1964, 2390 ff.

[27] Vgl. auch *Badura*, Der Paketdienst der Deutschen Bundespost, in: Jahrbuch der DBP 1977, S. 150; *Bull*, Die Staatsaufgaben nach dem Grundgesetz, 1973, S. 245 („Eine Privatisierung der Post ist ohne Verfassungsänderung unmöglich."); *Walter Schmidt*, Bundespost und Bundesbahn als Aufgaben der Leistungsverwaltung, NJW 1964, 2390 (2391); *Feigenbutz*, Die Bindungen des Post- und Fernmeldewesens an und durch das Rechtsinstitut der Gebühr, 1977, S. 54.

4. Auslegung der Begriffe „Postwesen" resp. „Bundespost" in Art. 73 Nr. 7 und 87 Abs. 1 GG

a) Kongruenz der Sachbereiche

Vorab sei bemerkt, daß es nicht erforderlich ist, die Begriffe „Postwesen" und „Bundespost" je für sich gesondert zu interpretieren. Dies erübrigt sich deswegen, weil, wie das Bundesverfassungsgericht im Fernseh-Urteil hervorgehoben hat, die Begriffe „Post- und Fernmeldewesen" in Art. 73 Nr. 7 GG und „Bundespost" in Art. 87 Abs. 1 GG „dieselben Sachbereiche" umschreiben[28].

Die Interpretation dessen, was zum Sachbereich der Bundespost resp. des Postwesens gehört, hat anzusetzen bei Art. 73 Nr. 7 GG. Denn es entspricht nach Auffassung des Bundesverfassungsgerichts im Anschluß an *Ulrich Scheuner*[29] einer „allgemeinen Strukturregel" des deutschen Verfassungsrechts, „daß die Bundeskompetenzen zur Gesetzgebung weiterreichen als die zur Verwaltung"[30]. Nach einer wiederholt verwendeten Formulierung des Bundesverfassungsgerichts bezeichnet „die Gesetzgebungskompetenz des Bundes die äußerste Grenze für seine Verwaltungsbefugnisse"[31]. Demzufolge wird die der „Bundespost" im Sinne des Art. 87 Abs. 1 GG verfassungsrechtlich zugewiesene

---

[28] BVerfGE 12, 205 (229); ebenso *Leibholz / Rinck*, Grundgesetz, 5. Aufl. 1975, Art. 73 Rdnr. 5, Art. 87 Rdnr. 1; *Schmidt-Bleibtreu / Klein*, Grundgesetz, Kommentar, 4. Aufl. 1977, Art. 87 Rdnr. 3; *Maunz* bei Maunz / Dürig / Herzog / Scholz, Art. 73 Rdnr. 100, Art. 87 Rdnr. 31; *von Mangoldt / Klein*, Das Bonner Grundgesetz, Band II, 2. Aufl. 1966, Art. 73 Erl. XIV 2; *Giese / Schunck*, Grundgesetz für die Bundesrepublik Deutschland, 9. Aufl. 1976, Art. 87 Anm. II 5; *Model / Müller*, Grundgesetz für die Bundesrepublik Deutschland, 8. Aufl. 1976, Art. 87 Anm. 1; *Ohnheiser*, Postrecht, 2. Aufl. 1977, § 1 PostG, Rdnr. 6; *Meckel / Kronthaler*, Das Bundesministerium für das Postwesen und die Deutsche Bundespost, 1967, S. 25.

[29] Der Fernsehstreit vor dem Bundesverfassungsgericht, hrsg. von Zehner, 1. Bd. 1964, S. 342.

[30] BVerfGE 12, 205 (229); 15, 1 (16); ebenso *Giese / Schunck*, Das Grundgesetz für die Bundesrepublik Deutschland, 9. Aufl. 1976, Art. 87 Anm. II 5; *Model / Müller*, Grundgesetz für die Bundesrepublik Deutschland, 8. Aufl. 1976, Art. 87 Anm. 1; *Leibholz / Rinck*, Grundgesetz, 5. Aufl. 1975, Vor Art. 70 bis 82, Rdnr. 5; *Hamann / Lenz*, Das Grundgesetz für die Bundesrepublik Deutschland, 3. Aufl. 1970, Art. 70 Anm. B 1; *Schmidt-Bleibtreu / Klein*, Grundgesetz, Kommentar, 4. Aufl. 1977, Vorbem. Vor Art. 70 Rdnr. 3; *Zeidler*, Gedanken zum Fernseh-Urteil des Bundesverfassungsgerichts, AöR 86, 361 ff. (391); *Dürig*, Zu Grundfragen des Postrechts, in: Die Verwaltung 1978, S. 87; *Hans H. Klein*, Verwaltungskompetenzen von Bund und Ländern in der Rechtsprechung des Bundesverfassungsgerichts, Band II, 1976, S. 227 ff. (285); *Lerche*, Verfassungsfragen um Sozialhilfe und Jugendwohlfahrt, 1963, S. 67; *Feigenbutz*, Die Bindungen des Post- und Fernmeldewesens an und durch das Rechtsinstitut der Gebühr, 1977, S. 58, 66; kritisch *Friedrich Klein*, Das Verhältnis von Gesetzgebungszuständigkeit und Verwaltungszuständigkeit nach dem Grundgesetz, AöR 88, 377 ff.

[31] Vgl. BVerfGE 12, 206 (229); 15, 1 (16).

4. „Postwesen" resp. „Bundespost" in Art. 73 Nr. 7 und 87 Abs. 1 GG   31

Sachaufgabe durch den Begriff des „Post- und Fernmeldewesens" im Sinne des Art. 73 Nr. 7 GG in seiner äußersten Begrenzung umrissen.

b) Methodische Grundlagen

Es ist im allgemeinen weder geboten noch üblich, einem Auslegungsprozeß umfangreiche methodische Vorüberlegungen voranzuschicken und die Grundsätze der Verfassungsinterpretation zu skizzieren[32]. Dennoch erscheint es im vorliegenden Falle angebracht, sich in aller Kürze zu vergegenwärtigen, welchen Auslegungskriterien Rechtsprechung und Lehre bei der Interpretation von Kompetenznormen ein besonderes Gewicht beimessen.

aa) Historische Auslegung

Insoweit ist bemerkenswert, daß das Bundesverfassungsgericht in einer ausgedehnten Rechtsprechung als „zentrale Grundlinie in der Kriterienaufstellung" den „Maßstab der *Verfassungstradition* und der *kompetentiellen Kontinuität*" gesetzt hat[33]. Mit diesem Maßstab ist auf die sog. historische oder entwicklungsgeschichtliche Auslegung verwiesen. Während die historische Interpretationsmethode in anderen Sachbereichen, insbesondere solchen, die sich als hochgradig wandlungsfähig erweisen, eine zweitrangige Rolle spielt, tritt sie bei der Auslegung von Kompetenzvorschriften dominierend in den Vordergrund. Dies liegt in der Natur der Sache. Kompetenznormen als Aufgabenzuweisungen folgen im wesentlichen Überlegungen der politischen Vernunft und Zweckmäßigkeit; an Kriterien der Gerechtigkeit können sie nur bedingt orientiert werden. Demzufolge sind Kompetenznormen in erster Linie Ausfluß politischer Dezisionen und Entwicklungen, die sich nur in ihrer geschichtlichen Gewachsenheit verstehen und erfassen lassen. Eine solche entwicklungsgeschichtliche Sicht hat das Bundesverfassungsgericht von jeher in aller Deutlichkeit bei der Umgrenzung des verfassungsrechtlich verbürgten Wirkungskreises der kommunalen Selbstverwaltung gezeigt[34]. Aber auch die Kompetenznormen der

---

[32] Vgl. dazu aus jüngerer Zeit etwa *Roellecke*, Prinzipien der Verfassungsinterpretation in der Rechtsprechung des Bundesverfassungsgerichts, in: Festgabe BVerfG, 1976, Band II, S. 22 ff.; *Ossenbühl*, Die Interpretation der Grundrechte in der Rechtsprechung des Bundesverfassungsgerichts, NJW 1976, 2100 ff.

[33] Vgl. *Rupert Scholz*, Ausschließliche und konkurrierende Gesetzgebungskompetenz von Bund und Ländern in der Rechtsprechung des Bundesverfassungsgerichts, in: Festgabe BVerfG, 1976, II S. 252 ff. (265) mit ausführlichen Nachweisen.

[34] Vgl. *Werner Weber*, Selbstverwaltungskörperschaften in der Rechtsprechung des Bundesverwaltungsgerichts, in: Festgabe BVerfG 1976, II S. 331 ff. (334).

IV. Der verfassungsrechtlich umgrenzte Bereich des „Postwesens"

Art. 73 und 74 GG werden durchweg im historischen Kontext interpretiert[35].

Was speziell das Post- und Fernmeldewesen anbetrifft, so hat das Bundesverfassungsgericht schon im Fernseh-Urteil zur Erfassung der Kompetenznorm des Art. 73 Nr. 7 GG an die Vorgänger des Grundgesetzes (Reichsverfassung von 1849, Verfassung des Norddeutschen Bundes von 1867, Reichsverfassung von 1871, Weimarer Reichsverfassung von 1919) angeknüpft[36]. In einer Entscheidung aus dem Jahre 1970 heißt es:

„Was unter Post- und Fernmeldewesen im Sinne des in Art. 73 Nr. 7 GG gleichlautenden Begriffes zu verstehen ist, ergibt sich hinreichend deutlich aus der historischen Entwicklung und nach dem allgemeinen Sprachgebrauch[37]."

Schließlich heißt es in einer weiteren einschlägigen Entscheidung:

„Die Gesetzgebungskompetenzen des Bundes sind im Grundgesetz im Hinblick auf die Weimarer Reichsverfassung formuliert worden. Die Kompetenzbestimmungen des Art. 73 Nr. 6 und 7 GG gehen zurück auf Art. 7 Nr. 19 und Art. 6 Nr. 7 der Weimarer Reichsverfassung. Zur Auslegung der Kompetenzbestimmungen des Grundgesetzes kann daher auf das Verständnis dieser Bestimmungen der Weimarer Reichsverfassung zurückgegriffen werden[38]."

Eine solche Rückanknüpfung zieht ihre Legitimation daraus, daß gerade die Kompetenzvorschriften in besonderem Maße traditionsbeladen sind[39]. Wesentliche Anhaltspunkte sind entsprechend der historischen Auslegung zu gewinnen

— aus den dem Grundgesetz vorausgegangenen deutschen Verfassungen und ihren Kommentierungen,

— aus der dem Grundgesetz vorausgegangenen einfachen Gesetzeslage.

Daß auch die Lage des *einfachen* Gesetzesrechts zur inhaltlichen Erfassung von *Grundgesetz*vorschriften herangezogen werden kann, zumal im Kontext der historischen Interpretation, ist eine in der Lehre anerkannte und in der Rechtsprechung geläufige Erkenntnis[40]. Die starke Betonung der historischen Sicht bei der Auslegung von verfas-

---

[35] Vgl. die Nachweise bei *Scholz,* in: Festgabe BVerfG 1976, II S. 265.

[36] *BVerfGE* 12, 206 (226).

[37] *BVerfGE* 28, 66 (85).

[38] *BVerfGE* 26, 281 (299).

[39] Vgl. aus dem Schrifttum außer den schon genannten Autoren noch etwa *Schick,* Bonner Grundgesetz und Weimarer Verfassung — heute, AöR 94, 353 (358); *Rottmann,* Die „wesensmäßige und historische Zugehörigkeit" und der Gesichtspunkt der Rechtseinheit als Elemente der Konkretisierung von Kompetenznormen, DVBl. 1974, 407 ff.

[40] Vgl. zum Problem *Walter Leisner,* Von der Verfassungsmäßigkeit der Gesetze zur Gesetzmäßigkeit der Verfassung, 1964.

sungsrechtlichen Kompetenznormen darf jedoch nicht als starres Dogma mißverstanden werden. Die traditionsorientierte Auslegung von Kompetenznormen darf nicht zu einer „Versteinerung"[41] der Zuständigkeitsnormen und damit zum „Einfrieren" eines historisch zu einem bestimmten Zeitpunkt vorhandenen Rechtszustandes führen[42]. Auch Kompetenznormen sind wie die Verfassung selbst in gewissem Umfange zukunftsoffen und für Wandlungen in der Wirklichkeit aufnahmefähig. Deshalb bedeutet die traditionsorientierte Ermittlung des Inhalts der grundgesetzlichen Kompetenzgrenzen keineswegs, daß die Kompetenzlage im Jahre des Inkrafttretens des Grundgesetzes gleichsam den „Endzustand" der kompetentiellen Entwicklung fixieren würde.

bb) Grundsatz der Länderkompetenz

Zu einer in diesem Sinne restriktiven und versteinernden Kompetenzauffassung zwingt insbesondere auch nicht der in Art. 70 GG zum Ausdruck kommende *Grundsatz der Länderkompetenz*. Allerdings wird Art. 70 GG weithin in dem Sinne verstanden, daß die im Grundgesetz enumerierten Bundeskompetenzen als Ausnahmen restriktiv zu interpretieren seien. Nach der Systematik des Grundgesetzes streite bei Zweifeln eine Vermutung zugunsten der Zuständigkeit der Länder[43]. Indessen muß ungeachtet der Rechtsprechung des Bundesverfassungsgerichts schon der „Grundsatz der Vermutung der Länderzuständigkeit" mit Vorbehalten versehen werden. Er kann auf keinen Fall dazu führen, daß schon bei einem geringen Grad von Auslegungszweifeln, die sich bei der Interpretation von Bundeskompetenznormen einstellen, auf die Vermutungsregel zurückgegriffen wird. Wollte man so verfahren, so würde eine „Versteinerung" des Kompetenzsystems durch eine rigoros eingesetzte Vermutungsregel eintreten.

Davon abgesehen müssen gegen die Vermutung der Länderkompetenz grundsätzliche Bedenken hervorgehoben werden. Zunächst ist

---

[41] *von Mangoldt / Klein*, Das Bonner Grundgesetz, Kommentar, 2. Aufl. 1966, Band II, Vorbem. zum VII. Abschnitt Erl. II 6 b, III 6 d; *Hans Schneider*, Die öffentlich-rechtliche Alterssicherung freier Berufe und das Grundgesetz, 1959, S. 50 ff. (51).

[42] *Leisner*, Von der Verfassungsmäßigkeit der Gesetze zur Gesetzmäßigkeit der Verfassung, 1964, S. 42 ff.; *Sasse*, Die verfassungsrechtliche Problematik der Steuerreformen, AöR 85, 423 ff.

[43] Vgl. BVerfGE 42, 20 (28) (dort wird die „strikte Interpretation" als „ständige Rechtsprechung des Bundesverfassungsgerichts" apostrophiert); zustimmend: *Leibholz / Rinck*, Grundgesetz, 5. Aufl. 1975, Vor Art. 70 - 82, Rdnr. 5 mit weiteren Nachweisen; *Schmidt-Bleibtreu / Klein*, Grundgesetz, Kommentar, 4. Aufl. 1977, Vor Art. 70, Rdnr. 3; *Herrfahrdt*, in: Bonner Kommentar, Erstbearbeitung, zu Art. 70 Erl. II; *Hamann / Lenz*, Das Grundgesetz für die Bundesrepublik Deutschland, 3. Aufl. 1970, Art. 70 Anm. B 1; *Maunz* bei Maunz / Dürig / Herzog / Scholz, Art. 70 Rdnr. 12, 30; *Karl Zeidler*, Gedanken zum Fernsehurteil des Bundesverfassungsgerichts, AöR 86, 361 ff. (387).

IV. Der verfassungsrechtlich umgrenzte Bereich des „Postwesens"

darauf hinzuweisen, daß das Grundgesetz praktisch ein geschlossenes und perfektes Zuständigkeitssystem aufstellt, welches für eine Vermutung kaum Raum läßt[44]. Davon abgesehen hat *Rinck* im einzelnen nachgewiesen, daß bei der Auslegung von Kompetenzvorschriften aus rechtslogischen Gründen für eine Vermutungsregel kein Platz ist und daß insbesondere auch die Formel „singularia non sunt extendenda" nicht als Auslegungsregel zu fungieren vermag[45]. Daß das Bundesverfassungsgericht selbst — trotz seiner jüngst abgegebenen Bemerkung, einer eigenen ständigen Rechtsprechung zu folgen (*BVerfGE* 42, 28) — nicht immer einen geradlinigen Weg gegangen ist, hat die Rechtsprechungsanalyse von *Scholz* deutlich gemacht[46]. Die letzten vorliegenden Judikate des Bundesverfassungsgerichts zur Vermutungsregel müssen deshalb schon aus der Sicht des Gerichts selbst zurückhaltend betrachtet werden.

Gegen die Annahme einer Vermutungsregel in dem Sinne, daß alle nicht vorhergesehenen Kompetenzfälle den Ländern zufallen sollten, spricht die Tatsache, daß das Schwergewicht der Gesetzgebungskompetenzen nicht nur in der Verfassungswirklichkeit, sondern auch nach dem Willen des Verfassungsgebers beim Bund liegen sollte[47]. Dies zeigt der umfangreiche, alle wichtigen Bereiche abdeckende Katalog der Bundeskompetenzen. — Unter diesen Umständen gewinnt die Zuständigkeitsregel des Art. 70 GG den Charakter einer formalen, gesetzestechnischen Regelung[48].

Mir erscheint insgesamt gesehen zweifelhaft, ob man den grundgesetzlichen Zuständigkeitsregeln wie Art. 30, 70 und 83 GG schlechthin auch den Gesichtspunkt des Länderschutzes als ein die Verfassungsauslegung leitendes Kriterium entnehmen kann[49]. Selbst wenn man aber dem Gedanken des Länderschutzes folgen wollte, so würde auch dieses Auslegungskriterium keinesfalls eine traditionell-historische Fest-

---

[44] Vgl. *Bullinger*, Die Mineralölfernleitungen, 1962, S. 55; *Schmidt-Bleibtreu / Klein*, Grundgesetz, Kommentar, 4. Aufl. 1977, Art. 70 Rdnr. 4; *von Mangoldt / Klein*, Das Bonner Grundgesetz, Band II, 2. Aufl. 1966, Art. 70 Anm. III 2.

[45] *Rinck*, Zur Abgrenzung der Gesetzgebungskompetenzen von Bund und Ländern, in: Festschrift für Gebhard Müller, 1970, S. 289 ff. (290 f., 298); zustimmend *Rupert Scholz*, Ausschließliche und konkurrierende Gesetzgebungszuständigkeit von Bund und Ländern in der Rechtsprechung des Bundesverfassungsgerichts, in: Festgabe BVerfG, II, 1976, S. 252 ff. (254 f.).

[46] *Scholz* (FN 45).

[47] Vgl. *Bullinger*, Die Zuständigkeit der Länder zur Gesetzgebung, DÖV 1970, 762; *derselbe*, Ungeschriebene Kompetenzen im Bundesstaat, AöR 96 (1971), 237 ff. (252); *Scholz*, in: Festgabe BVerfG, II, 1976, S. 253.

[48] Vgl. *Rinck*, in: Festschrift für Gebhard Müller, 1970, S. 298.

[49] Vgl. insoweit aber *Bullinger*, DÖV 1970, 798 f.; *derselbe*, Die Mineralölfernleitungen, 1962, S. 55 f.; *Scholz*, in: Festgabe BVerfG, II, 1976, S. 270, 274 f.; kritisch *Forsthoff*, Zur Problematik der Verfassungsauslegung, 1961, S. 17 f.

schreibung der Bundeskompetenzen rechtfertigen. Eine solche Festschreibung würde angesichts des unvermeidbaren sozialstaatlichen Trends zur Unitarisierung nur ein Aufstauen von Änderungsbedürfnissen bewirken und die Gefahr einer „galoppierenden Verfassungsänderung" heraufbeschwören, wofür gerade die Geschichte der Grundgesetzänderungen in den letzten dreißig Jahren in vieler Hinsicht überzeugendes Anschauungsmaterial liefert[50].

cc) Der Gedanke des Sachzusammenhangs

Nach den bisherigen Überlegungen bleibt es also für die Auslegung des Art. 73 Nr. 7 GG im Schwergewicht bei einer traditionell-historischen Betrachtungsweise. Mit dieser Betrachtungsweise läßt sich indessen dem Begriff des „Postwesens" nur ein „traditioneller Grundbestand" von Funktionen entnehmen. Da der Begriff des „Postwesens" ein Begriff mit „traditionellem Grundbestand und anpassungsfähiger Konkretisierungszone" darstellt[51], bedarf es noch eines weiteren Kriteriums, welches dazu dient, neu auftretende postannexe Sachbereiche in den Kompetenztitel des „Postwesens" einzustellen. Dieses Kriterium kann in dem *Gedanken des Sachzusammenhangs* gesehen werden. Freilich ist der „Sachzusammenhang" nicht ein eigener Kompetenztitel. Aber er spielt bei der Auslegung geschriebener Kompetenzen eine wichtige Rolle[52]. Auf welche Weise das Kriterium des Sachzusammenhangs in den Auslegungsprozeß eingefügt werden kann, hat das Bundesverfassungsgericht bei der Umgrenzung des Aufgabenbereichs der Währungs- und Notenbank im Sinne des Art. 88 GG demonstriert[53]. Das Gericht stellt auf das „vorverfassungsmäßige Bild der deutschen Währungs- und Notenbank" ab, so wie es der Verfassungsgeber in der — auch einfachgesetzlichen — Ausprägung vorfand, eruiert die der Bank von jeher zukommenden Kompetenzen und Zielsetzungen und vermittelt mit diesen Kompetenzen und Zielsetzungen neu auftretende und geregelte Sachaufgaben. Fügen sie sich in das herkömmliche Bild ein, besteht m. a. W. ein „Sachzusammenhang", so ist die entsprechende Zuständigkeitsregelung legitimiert. Man sieht also, daß traditionell-historische Betrachtungsweise und das Kriterium des Sachzusammenhangs miteinander verbunden sind, ineinander übergehen.

---

[50] Vgl. auch *Bullinger*, Ungeschriebene Kompetenzen im Bundesstaat, AöR 96, 237 ff. (240 f., 252 f.), der darauf hinweist, daß die vom Verfassungsgerichtshof in Österreich praktizierte Versteinerungstheorie den angestrebten Schutz der Länder gerade nicht bewirkt hat.

[51] So in anderem Zusammenhang *Lerche*, Verfassungsfragen um Jugendhilfe und Jugendwohlfahrt, 1963, S. 12.

[52] Vgl. *Bullinger*, AöR 96, 237 ff., 246 ff., 283 f.; *Scholz*, in: Festgabe BVerfG, II, 1976, S. 272 ff.

[53] *BVerfGE* 14, 197 (216).

36   IV. Der verfassungsrechtlich umgrenzte Bereich des „Postwesens"

Die Marschrichtung für die folgenden Untersuchungen ist damit methodisch klar. Zunächst gilt es in einer historischen Rückblende den „traditionellen Grundbestand" des „Postwesens" aufzuzeichnen und typische Merkmale des postalischen Aufgabenkreises zu ermitteln. In einem zweiten Schritt kann sodann der Frage nachgegangen werden, ob neuartige Agenden oder Erweiterungen bisheriger Dienstleistungszweige kraft ihres Sachzusammenhangs mit dem „traditionellen Grundbestand" postalischen Aufgabenkreises (noch) vom Kompetenztitel des „Postwesens" erfaßt werden.

c) Der Aufgabenkreis der Post in entwicklungsgeschichtlicher Sicht

Für die Zwecke der nachstehenden Untersuchung ist es nicht erforderlich, die in ferne Vergangenheit zurückreichende und verwickelte Geschichte des Postwesens im einzelnen nachzuzeichnen[54]. Es genügt die Anknüpfung an das Postwesen in den deutschen Ländern, wie es sich im Verlaufe des vorigen Jahrhunderts dargestellt hat und allmählich zu einer einheitlichen Reichspost zusammengewachsen ist. Dabei wird nähere Aufmerksamkeit denjenigen Dienstleistungszweigen zu schenken sein, die als „nichttypische" Aufgaben der Post bezeichnet worden sind; dies gilt namentlich für den Postscheckdienst und den Postsparkassendienst.

Die Post in ihrer ursprünglichen Funktion als organisierte Nachrichtenübermittlung verdankt ihre Entstehung nicht dem menschlichen Grundbedürfnis nach Kommunikation, sondern dem Bedürfnis des Staates nach Aufrechterhaltung seiner Macht über das Staatsvolk im Staatsgebiet. Diese Machterhaltung setzte die Bekanntgabe und Realisierung des zentralen Herrschaftswillens über alle Teile des Staatsgebietes und damit eine ständige Übermittlung durch eine entsprechende Organisation voraus[55]. Diese Ursprungsfunktion zeigt sich auch deutlich in der Geschichte der Taxisschen Post, die sich erst im Laufe mehrerer Jahrhunderte vom Hofkurierdienst zu einer allgemein zugänglichen Reichs-Verkehrs-Anstalt entwickelte[56].

Desgleichen dienten die ersten Posteinrichtungen in Preußen — Deutschland zunächst ausschließlich dem Behördenverkehr. Sie wurden

---

[54] Vgl. insoweit *Ohmann*, Die Anfänge des Postwesens und die Taxis, 1909; *Hermann Kownatzki*, Geschichte des Begriffes und Begriff der Post nebst einem Anhang über die Entstehungszeit der Post, in: Archiv für Post und Telegraphie, 1923, S. 377; *Brunner / Staedler*, Stichwort „Geschichte der Post", in: Handwörterbuch des Postwesens, 1927, S. 258 ff.; *Sautter*, Geschichte der Deutschen Post, 1951.

[55] Vgl. *Ludwig Kämmerer*, Post und Staat, in: Postarchiv 1940, S. 685 ff.; derselbe, Die Rechtsnatur der Bundespost, DVBl. 1966, S. 396 ff. (399 f.).

[56] Vgl. *Brunner*, Stichwort „Geschichte der Post", Handwörterbuch des Postwesens, 1927, S. 259 ff.

erst später für das Publikum nutzbar gemacht[57]. Der Schritt von der Organisation für die Übermittlung und Durchsetzung des Herrschaftswillens zur allgemein zugänglichen Verkehrsanstalt war vollzogen, als im 19. Jahrhundert das Postwesen in den deutschen Ländern auf Reichsebene zusammenwuchs und schrittweise auf eine gesetzliche Basis gestellt wurde. Gemäß Art. 48 Abs. 1 der Verfassung des norddeutschen Bundes wurde das „Postwesen" als „einheitliche Staatsverkehrs-Anstalt eingerichtet und verwaltet". Diese Vorschrift kehrt wörtlich in der Bismarckschen Reichsverfassung von 1871 wieder. Ausgenommen waren nach Art. 52 der Reichsverfassung von 1871 lediglich die Territorialposten Bayerns und Württembergs, die erst durch die Staatsverträge vom 29./31. März 1920 in der Reichspost aufgingen. Dem Reich stand jedoch seit 1871 auch für Bayern und Württemberg die *ausschließliche* Gesetzgebung „über die Vorrechte der Post und Telegraphie über die rechtlichen Verhältnisse beider Anstalten zum Publikum, über Portofreiheiten und Posttaxwesen ..." (Art. 52 Abs. 2 RV 1871) zu.

Der Funktionskreis der Post läßt sich also für die Zeit nach 1871, soweit er in Gesetzen seinen Niederschlag gefunden hat, in den einschlägigen Reichsgesetzen, für die Zeit davor in den Gesetzen der Länder, namentlich Preußens, Bayerns, Württembergs usw. ablesen. Dabei ist freilich zu beachten, daß das Rechtsquellensystem in den verschiedenen Staaten infolge der verfassungsrechtlichen Besonderheiten nicht durchweg mit den gegenwärtig bekannten Rechtsquellenkategorien vermittelt werden kann[58]. Die heute bekannten Konkretisierungsstufen staatlicher Normsetzung (förmliche Gesetze — Rechtsverordnungen — Verwaltungserlaß) haben sich in der deutschen Postgesetzgebung erst seit dem Preußischen Gesetz über das Postwesen vom 5. Juni 1852 (GS 345) durchgesetzt[59].

Zu beachten ist bei der Ermittlung der Rechtsgrundlagen für den Funktionsbereich der Post des weiteren, daß einzelne Dienstzweige einer grundsätzlichen formalgesetzlichen Regelung ursprünglich entbehrten und lediglich in Verwaltungserlassen geordnet waren[60]. Eine Durchsicht der gesetzlichen Funktionsumschreibungen der Post ergibt folgendes Bild:

Das *Preußische Gesetz über das Postwesen vom 5. Juni 1852* (GS 345) enthielt zum Aufgabenkreis der Post folgende Aussagen:

---

[57] Vgl. *Staedler*, Stichwort „Geschichte der Post", Handwörterbuch des Postwesens, 1927, S. 262 ff.
[58] Vgl. zu den gegenwärtigen Rechtsquellenkategorien: *Ossenbühl*, Die Quellen des Verwaltungsrechts, in Erichsen / Martens, Allgemeines Verwaltungsrecht, 4. Aufl. 1979, S. 66 ff.
[59] Vgl. *Staedler*, in: Handwörterbuch des Postwesens, 1927, S. 265.
[60] Vgl. z. B. für den Postreisedienst: *Franz Wessel*, Der Kraftomnibusverkehr der Bundespost und das Grundgesetz, DVBl. 1957, S. 477 ff.

IV. Der verfassungsrechtlich umgrenzte Bereich des „Postwesens"

„§ 1

Die Befugnis, Personen oder Sachen gegen Bezahlung mit unterweges gewechselten Transportmitteln oder zwischen bestimmten Orten mit regelmäßig festgesetzter Abgangs- oder Ankunftszeit zu befördern, steht ausschließlich dem Staate zu und macht das Postregal aus.
...

§ 5

Dem Postzwang sind unterworfen und dürfen daher ausschließlich nur durch die Post versendet werden:
1. alle versiegelte, zugenähte oder sonst verschlossene Briefe;
2. alle nach dem Gesetze vom 2. Juni d. J. einer Stempelsteuer unterliegenden Zeitungen und Anzeigeblätter;
3. gemünztes Geld und Papiergeld, ungemünztes Gold und Silber, Juwelen und Pretiosen, ohne Unterschied des Gewichts;
4. alle Pakete bis zum Gewichte von zwanzig Pfund einschließlich, jedoch mit Ausnahme solcher Sachen, welche die Posten reglementsmäßig anzunehmen, nicht verpflichtet sind."

Im *Gesetz über das Postwesen des Norddeutschen Bundes vom 2. November 1867* (BGBl 61) findet man folgende Regelungen:

„§ 1

Wer gewerbemäßig auf Landstraßen Personen gegen Bezahlung mit regelmäßig festgesetzter Abgangs- und Ankunftszeit und mit unterwegs gewechselten Transportmitteln befördert, bedarf dann der Genehmigung der Postverwaltung, wenn zur Zeit der Errichtung der Fuhrgelegenheit auf der Beförderungsstrecke eine wenigstens täglich abgehende Personenpost bereits besteht. Fuhrgelegenheiten, welche am 1. Januar 1868 bereits errichtet sind, bedürfen einer Genehmigung der Postverwaltung zu ihrem Fortbestehen nicht.

§ 2

Die Beförderung
1. aller versiegelten, zugenähten oder sonst verschlossenen Briefe,
2. aller Zeitungen politischen Inhalts
gegen Bezahlung von Orten mit einer Postanstalt nach anderen Orten mit einer Postanstalt des In- und Auslandes ist verboten.

Wenn Briefe und Zeitungen (Nr. 1 und 2) vom Auslande eingehen und nach inländischen Orten mit einer Postanstalt bestimmt sind, oder durch das Gebiet des Norddeutschen Bundes transitiren sollen, so müssen sie bei der nächsten inländischen Postanstalt zur Weiterbeförderung eingeliefert werden.

Unverschlossene Briefe, welche in versiegelten, zugenähten oder sonst verschlossenen Paketen befördert werden, sind den verschlossenen Briefen gleich zu achten. Es ist jedoch gestattet, versiegelten, zugenähten oder sonst verschlossenen Paketen, welche auf andere Weise, als durch die Post befördert werden, solche unverschlossenen Briefe, Fakturen, Preiskurante, Rechnungen und ähnliche Schriftstücke beizufügen, welche den Inhalt des Pakets betreffen."

4. „Postwesen" resp. „Bundespost" in Art. 73 Nr. 7 und 87 Abs. 1 GG

Schließlich sind dem *Gesetz über das Postwesen des Deutschen Reiches vom 28. Oktober 1871* (RGBl. 347) folgende Regelungen zu entnehmen:

„§ 1

Die Beförderung
1. aller versiegelten, zugenähten oder sonst verschlossenen Briefe,
2. aller Zeitungen politischen Inhalts, welche öfters als einmal wöchentlich erscheinen,

gegen Bezahlung von Orten mit einer Postanstalt nach anderen Orten mit einer Postanstalt des In- und Auslandes auf andere Weise, als durch die Post, ist verboten. ..."

§ 50 des Gesetzes überläßt „von dem Reichskanzler zu erlassenden Reglement" u. a. folgende Punkte:

„1. die Bedingungen für die Annahme aller behufs der Beförderung durch die Post eingelieferten Gegenstände;
2. das Maximalgewicht der Briefe und Pakete;
3. ...
4. ...
5. ...
6. die Gebühren für Postanweisungen, Vorschußsendungen und sonstige Geldübermittelungen durch die Post, für Sendungen von Drucksachen, Warenproben und Mustern, Korrespondenzkarten, rekommandirte Sendungen, für Zustellung von Sendungen mit Behändigungsscheinen, für Laufschreiben wegen Postsendungen und Überweisung der Zeitungen;
7. ...
8. die Bedingungen für die Beförderung der Reisenden mit den ordentlichen Posten oder mit Extrapost, die Bestimmung des Personengeldes und der Gebühr für Beförderung von Passagiergut;
9. ...
10. ..."

Aus den bisher genannten Funktionsumschreibungen ergibt sich, daß herkömmlicherweise zum *funktionellen Kernbereich* des „Postwesens" (mindestens) gehören

— die Übermittlung von schriftlichen Nachrichten,

— die Beförderung von Kleingut, einschließlich Geld,

— die Beförderung von Personen.

Diese Funktionen sind in ihrem Wesen durch den Transport- und Übermittlungseffekt gekennzeichnet.

Im Laufe des letzten Jahrhunderts hat sich um diesen Funktionskern mit eindeutigem und unmittelbarem, raumüberwindendem Transport- und Übermittlungseffekt ein weiterer Funktionskreis gelegt, bei dem der Beförderungseffekt, wenn überhaupt, nur noch im übertragenen

IV. Der verfassungsrechtlich umgrenzte Bereich des „Postwesens"

Sinne in Erscheinung tritt und dessen Ansiedlung im Postwesen letztlich ihren Grund hat in der einzigartigen (räumlichen) Bürgernähe aufgrund der flächendeckenden und engen Poststellenverzweigung. Dieses in der Postorganisation liegende Potential und „Kapital" an Verwaltungskraft nutzbar zu machen, war beizeiten ein verbreitetes Bestreben. Gemeint sind namentlich die Postbank- und Postgelddienste, deren Entwicklung einer näheren Auszeichnung bedürfen, weil sie zu jenen Dienstleistungszweigen rechnen, deren Zugehörigkeit zum „typischen" Bereich des Postwesens nicht unumstritten ist.

Die erste Anregung für die Einführung des *Postscheckverkehrs* geht auf das Jahr 1876 zurück, wurde aber nach Befragung der Oberpostdirektionen nicht weiter verfolgt. Im Jahre 1899 trat die Reichsregierung mit der Absicht an den Reichstag heran, einen Postscheckverkehr einzuführen. Durch den Postüberweisungs- und Postscheckverkehr sollte breiten Schichten der Bevölkerung, insbesondere den mittelständischen Unternehmern, ein geeigneter Weg des unbaren Zahlungsverfahrens eröffnet werden[61].

Unter dem Gesichtspunkt des Allgemeininteresses wurde auf diese Weise eine Stärkung der Betriebsmittel des Reichs und eine Einschränkung des Notenbedarfs sowie sonstiger Umlaufmittel angestrebt. Um jedoch eine Schädigung der genossenschaftlichen Spar- und Darlehenskassen und der öffentlichen Sparkassen durch den Wettbewerb der Post zu vermeiden, wurde eine Zinslosigkeit der Postscheckguthaben gefordert, was das Projekt undurchführbar machte.

Erst eine erneute Initiative der Reichsregierung im Jahre 1907 führte zum Placet des Reichstages. Es erging sodann zunächst die vom Reichskanzler erlassene Postscheckordnung vom 6. 11. 1908 (RGBl. S. 587), der das Postscheckgesetz vom 26. 3. 1914 (RGBl. S. 85) folgte.

Gegenwärtig ist der Postscheckdienst als Dienstleistungszweig in § 1 des Gesetzes über das Postwesen gesondert aufgeführt. Die technische Abwicklung und die geschäftlichen Einzelheiten sind in der Postscheckordnung, einer aufgrund des § 14 PostG erlassenen Rechtsverordnung vom 1. Dezember 1969 (BGBl. I S. 2159), zuletzt geändert durch die Verordnung zur Änderung der Postscheckordnung vom 7. 7. 1975 (BGBl. I S. 1866), geregelt. Nach § 1 Abs. 2 PostSchO umfaßt der Postscheckdienst die „bargeldlose und halbbare Übermittlung von Geldbeträgen".

Der jüngste Dienstleistungszweig, der im Gesetz über das Postwesen genannt ist, ist der *Postsparkassendienst*[62].

---

[61] Vgl. zur Geschichte: *Sautter*, Geschichte der Deutschen Post, Teil 3, 1951, S. 51 ff.; Handwörterbuch des Postwesens, 2. Aufl. 1953, Stichwort „Postscheckverkehr", S. 548 ff.

4. „Postwesen" resp. „Bundespost" in Art. 73 Nr. 7 und 87 Abs. 1 GG

Die Bemühungen um die Einführung des Postsparkassendienstes gehen auf das Jahr 1871 zurück. Sie waren in ihrer ursprünglichen Gestalt gedacht als Hilfsdienste gegenüber den Sparkassen, denen die Post ihr Kommunikationsnetz gegen Gebühr zur Verfügung stellen wollte. Eine solche Zusammenarbeit wurde jedoch von den Sparkassen abgelehnt. Im Jahre 1885 wurde daraufhin dem Reichstag ein Gesetzentwurf betreffend die Einrichtung von Reichs-Postsparkassen vorgelegt[63], aus dessen Begründung einige Gedanken wiedergegeben seien, weil sie den politischen Hintergrund der Postsparkassenidee verdeutlichen. In Anlehnung an ausländische Vorbilder und Erfahrungen wird darauf hingewiesen, daß die Postsparkassen die Spartätigkeit der Bevölkerung noch weiter fördern könnten als die öffentlichen Sparkassen, ohne mit diesen Sparkassen in einen schädigenden Wettbewerb zu geraten. Hierzu wird ausgeführt, daß sich die öffentlichen Sparkassen von ihrer Aufgabe, die „Sparkasse des kleinen Mannes" zu sein, abgewendet hätten und nunmehr die Postsparkassen diesen Dienst übernehmen müßten. Auch wird hervorgehoben, daß die Dichte der Postannahmestellen um ein Vielfaches höher sei als die der öffentlichen Sparkassen, wobei noch hinzukomme, daß auch die Geschäftsstunden der Post publikumsgünstiger seien. Beide Umstände zusammengenommen würden für jedermann die Möglichkeit und Initiative zum Sparen wesentlich erhöhen. — Der Gesetzentwurf scheiterte indessen am Widerstand der Sparkassen.

Eine Wende brachte erst der Anschluß Österreichs an das Deutsche Reich im Jahre 1938 und die mit dem Anschluß einhergehende Verschmelzung des österreichischen Postwesens mit der Deutschen Post. Der Postsparkassendienst war in Österreich seit 1883 eingeführt und hatte sich praktisch bewährt. Durch Erlaß des Führers und Reichskanzlers zur Regelung des Postsparkassenwesens im Deutschen Reich vom 26. 8. 1939 (RGBl. I S. 1061) wurde der Reichspostminister ermächtigt, Art und Umfang des Postsparkassenwesens, „insbesondere auch die Ausdehnung des Aufgabenbereichs des Postsparkassenamts auf das Deutsche Reich" (§ 4) zu regeln. Auf dieser Grundlage erging die Postsparkassenordnung vom 11. 11. 1938 (RGBl. I S. 1645). Nach § 1 dieser Verordnung übernimmt die Deutsche Reichspost „die Annahme, Verzinsung und Rückzahlung von Spareinlagen im gesamten Deutschen Reich". Die Einlagen wurden zunächst mit einem Zinssatz verzinst, der $^{1}/_{4}$ vom Hundert unter dem Zinssatz lag, der für Spareinlagen mit

---

[62] Vgl. zur Geschichte: *Brandt*, Stichwort „Postsparkassen", in: Handwörterbuch des Postwesens, 1927, S. 489 ff.; *Sautter*, Geschichte der Deutschen Post, Teil 3, 1951, S. 51; Handwörterbuch des Postwesens, 2. Aufl. 1953, S. 558 ff.; *Jung*, Stichwort „Post", in: Handwörterbuch der Sozialwissenschaften, 8. Band, 1964, S. 430 ff. (450 ff.).

[63] Abgedruckt im Archiv für Post und Telegraphie, 1885, S. 39 ff.

gesetzlicher Kündigungsfrist für allgemein verbindlich erklärt ist. Der damit verbundene Zinsvoraus der anderen Kreditinstitute wurde als Ausgleich für den Wettbewerbsvorteil angesehen, der durch die Freizügigkeit des Postsparbuchs bestanden hatte. Der Zinssatz wurde jedoch im Jahre 1957 angeglichen, weil seine Rechtfertigungsgründe (Wettbewerbsvorteile) entfallen seien oder sich als unbegründet erwiesen hätten und zwischen Postsparkassen- und anderen Spareinlagen kein Wesensunterschied bestehe[64].

d) Folgerungen

aa) Kriterien für den Begriff des „Postwesens"

An früherer Stelle wurde im einzelnen dargelegt, daß das Bundesverfassungsgericht bei der Bestimmung des Begriffs des „Postwesens" der historischen Auslegung eine besondere Bedeutung beimißt. Mit dieser Feststellung ist aber noch keineswegs geklärt, wie eine solche historische Auslegung im einzelnen auszusehen hat. Nachdem der Funktionskreis der Post in seinen entwicklungsgeschichtlichen Linien skizziert worden ist, ergibt sich die weitere Frage, wie man den vorliegenden historischen Befund für die Bestimmung des normativen Begriffs „Postwesen" im Sinne des Grundgesetzes auszuwerten hat. Dabei geht es im vorliegenden Zusammenhang lediglich um den *funktionellen* Gehalt dieses Begriffs.

Denkbar sind drei Positionen. *Erstens* könnte man sagen, daß zum „Postwesen" funktionell alle Aufgaben gehören, die *der Gesetzgeber* der DBP außerhalb des Fernmeldewesens zuweist. Eine solche *formale Begriffsbildung* ist aber offensichtlich unhaltbar. Sie würde den Umfang eines verfassungsrechtlichen Rechtsbegriffs und damit die Geltungsweite einer grundgesetzlichen Kompetenznorm, die die Gesetzgebungsgewalt zwischen Bund und Ländern aufteilen soll, zur alleinigen Disposition des Bundesgesetzgebers stellen. Das grundgesetzliche Kompetenzsystem wäre damit partiell aufgehoben[65]. — *Zweitens* könnte man den Standpunkt einnehmen, daß zum Postwesen (zumindest) alle Tätigkeiten gehören, die bei Inkrafttreten des Grundgesetzes zum Zuständigkeitsbereich der Post gehörten. In diesem Falle wäre das „Postwesen" ein gleichsam nach *vorne offener historisch-additiver Zuständigkeitsbegriff*. Dies bedeutet: um den Norminhalt des „Postwesens" im funktionellen Sinne zu umreißen, wären alle Aufgaben, die die Post im Jahre 1949 erfüllte, zu „addieren", wobei diese Addition ihrerseits allerdings nicht den in einer historischen Stunde vorhandenen Funk-

---

[64] Vgl. *Jung*, „Zinserhöhung der Postsparkassen", Zeitschrift für Post- und Fernmeldewesen, 1957, S. 397 ff.
[65] Vgl. ebenso *Badura*, in: Bonner Kommentar, Art. 73 Nr. 7 Rdnr. 6.

4. „Postwesen" resp. „Bundespost" in Art. 73 Nr. 7 und 87 Abs. 1 GG

tionskreis für alle Zeiten zementiert, sondern vielmehr künftige Erweiterungen zuläßt, was durch den Zusatz „zumindest" ausgedrückt wird. Das Jahr 1949 ist also das historische Basisjahr für die Addition der Postaufgaben, aber es handelt sich bei der historischen Bestandsaufnahme lediglich um einen fixierten und exakt feststellbaren unbestrittenen Funktionskreis, der seinerseits nicht als numerus clausus von Postaufgaben mißverstanden werden darf.

Dies ist im wesentlichen die Linie der Stellungnahmen im Schrifttum, nach welchem die „bekannten" oder „herkömmlichen" Dienstzweige der Bundespost zum „Postwesen" zählen sollen[66]. Die in § 1 PostG genannten Postdienste, einschließlich Postscheckdienst und Postsparkassendienst werden auf diese Weise ohne nähere Begründung als „klassische" Dienstzweige des Postwesens verbucht[67]. Diese Auffassung deckt sich — den erst 1938 eingeführten Postsparkassendienst ausgenommen — mit den Kommentierungen und Stellungnahmen, die für den Aufgabenkreis der Post unter der Geltung des Art. 4 Nr. 10 und Art. 48 der Reichsverfassung von 1871[68] und unter der Geltung des Art. 6 Nr. 7 der Weimarer Reichsverfassung abgegeben worden sind[69]. Eine solche historisch-additive Begriffsbildung berücksichtigt jedoch nicht, daß der Aufgabenkreis der Deutschen Post von jeher differenziert war. Dies bedeutet, daß die Deutsche Post auch in früheren Zeiten Aufgaben wahrgenommen hat, die für das Postwesen eindeutig untypisch und auch zu keiner Zeit als postalische Aufgaben im eigentlichen Sinne verstanden worden sind. Genannt sei exemplarisch die

---

[66] Vgl. etwa *Badura*, in: Bonner Kommentar, Art. 73 Nr. 7 Rdnr. 6; *Maunz* bei Maunz / Dürig / Herzog / Scholz, Art. 73 Rdnr. 102.

[67] Vgl. z. B. *Ohnheiser*, Postrecht, Kommentar, 2. Aufl. 1977, § 1 Rdnr. 2; *Altmannsperger*, Gesetz über das Postwesen, Loseblatt-Kommentar, Stand: August 1976, Allgem. Vorbem. Rdnr. 14, § 1 Rdnr. 1, 2, 4; *Kämmerer / Eidenmüller*, Post- und Fernmeldewesen, in: Der Wirtschaftskommentar, Band IV Nr. 96, Stand: Juli 1978, § 1 PostG Anm. 1; *R. Schmidt*, ArchPF 1968, 227.

[68] Vgl. *Haenel*, Deutsches Staatsrecht, Band 1, 1892, S. 415, 418 FN 2; *Laband*, Das Staatsrecht des Deutschen Reiches, Band 3, Neudruck der 5. Aufl. 1913, Aalen 1964, S. 56, 58; *Max von Seydel*, Commentar zur Verfassungsurkunde für das Deutsche Reich, 2. Aufl. 1897, S. 91; *Eger / Gordan*, Post-, Telegraphen- und Telephonrecht, 1909, S. 76 ff.; eine unbeschränkte Erweiterungsmöglichkeit der Postgeschäfte wird angenommen von *Wolcke*, Postrecht, 1909, S. 62; *Aschenborn*, Das Gesetz über das Postwesen des Deutschen Reiches, 1908, S. 7, 20 f.

[69] Vgl. *Scheda*, Reichspostfinanzgesetz, Berlin o. J., § 1 Anm. 3; *Niggl*, Postverkehrsgesetze des Deutschen Reichs, 3. Aufl. 1928, Art. 6 Nr. 7 WRV, Anm. 3, wobei in Anm. 5 von einer unbeschränkten Ausdehnungsmöglichkeit des Aufgabenkreises der Post ausgegangen wird. Ebenso *Niggl*, Deutsches Postrecht, 2. Aufl. 1931, S. 15 f.; *Aschenborn / Schneider*, Das Gesetz über das Postwesen des Deutschen Reiches, 2. Aufl. 1928, Art. 6 Nr. 7 WRV Anm. 7; § 6 RPFG Anm. 14; Art. 4 Nr. 10 RV 1871, Anm. 1, 2c; *Hellmuth*, System des deutschen Post-, Telegraphen- und Fernsprech-Verkehrsrechts, 1929, S. 9 f., 67 f.; *Lassar*, Die Zuständigkeitsverteilung auf dem Gebiet des Verkehrswesens, in: Handbuch des Deutschen Staatsrechts, Erster Band, 1930, S. 351.

Auszahlung von Renten oder der Vertrieb von Steuermarken[70]. Eine historisch-additive Begriffsbildung, die ohne Ansehen der einzelnen Aufgabe den gesamten Aufgabenbestand der Post im Jahre 1949 aufrechnen und als historisch überkommenen Grundtatbestand postalischer Aufgaben, der zum „Postwesen" gehört, qualifizieren wollte, würde demnach auch Aufgaben erfassen, die unzweifelhaft nicht zum Postwesen gehören. Es muß demzufolge schon aus Gründen einer praktikablen Begriffsbildung nach einem zusätzlichen Abgrenzungskriterium gesucht werden. Ein solches Abgrenzungskriterium kann sich sinnvollerweise nur so ergeben, daß den herkömmlichen, allgemein als „klassisch" empfundenen Dienstzweigen der Post ein gemeinsames, sie prägendes und für sie charakteristisches Merkmal entnommen wird. Dieses tragende und prägende Charakteristikum postalischer Aufgaben ist aber der schon hervorgehobene *Transport- und Übermittlungseffekt*. Er ist bereits in der alten Definition der Post als „*Staatsverkehrsanstalt*" in Art. 48 der Reichsverfassung von 1871 deutlich hervorgehoben und war auch bei den herkömmlichen Dienstzweigen durchweg verbindender und legitimierender Leitgedanke, wenn man einmal von einigen noch näher zu diskutierenden Einzelheiten absieht.

Die historisch-additive Begriffsbildung ist demzufolge durch das Kriterium des Transport- und Übermittlungseffektes zu modifizieren. Zum „traditionellen Grundbestand" postalischer Agenden gehören damit alle Tätigkeiten, die bei Inkrafttreten des Grundgesetzes zum Zuständigkeitsbereich der Post gehörten und die durch einen Transport- und Übermittlungseffekt charakterisiert sind.

bb) *Einordnung der „herkömmlichen" Dienstzweige*

Unter Beachtung der vorgenannten historisch-funktionalen Begriffsbildung kann es keinen Zweifel daran geben, daß der Brief-, Paket-, Postanweisungs- und Postauftragsdienst ebenso wie der Postzeitungsdienst und der Postreisedienst zu den typischen postalischen Funktionen gehören. Problematisch erscheint bei den in § 1 PostG genannten Dienstzweigen nur die Einordnung des Postscheckdienstes und des Postsparkassendienstes. Bei beiden Dienstzweigen ist deshalb eine eingehendere Betrachtung vonnöten.

Bevor in eine solche Betrachtung eingetreten wird, erscheint es angebracht, sich nochmals der rechtlichen Folgen zu vergewissern, die mit der Einordnung bestimmter Agenden unter den Begriff des „Postwesens" im Sinne des Art. 73 Nr. 7 GG verbunden sind. Nach dem oben mitgeteilten Ausgangspunkt geht es bei der Umreißung des „Postwesens" um den Funktionskreis, der der Deutschen Bundespost als

---

[70] Vgl. aus heutiger Sicht die Aufgliederung oben sub II.

Trägerin der Hoheitsverwaltung im Sinne des Art. 87 Abs. 1 GG zusteht. Dieser Funktionskreis ist hoheitlicher Art und er steht in der Bundeskompetenz. Die Abgrenzung des postalischen Wirkungskreises in diesem Sinne bedeutet also zunächst einmal eine Kompetenzabgrenzung zur Staatsgewalt der Länder, zum andern bedeutet die Zuordnung einer Aufgabe zum „Postwesen" aber auch, daß sie als „Staatsaufgabe" prädiziert ist und demzufolge gegenüber Grundrechtspositionen eher legitimiert ist als andere Agenden.

Die funktionalen Grenzen des „Postwesens" sind jedoch nicht unbedingt Betätigungsgrenzen der Bundespost schlechthin. Das heißt: der DBP sind nicht unbedingt alle Tätigkeiten untersagt, die sich nicht unter das „Postwesen" im Sinne des Grundgesetzes subsumieren lassen. Vielmehr ist mit der Aussonderung von Dienstzweigen aus dem Bereich des „Postwesens" zunächst einmal nur die Folgerung verbunden, daß dieser Dienstzweig zum einen einer besonderen Kompetenzrechtfertigung gegenüber den Ländern bedarf und zum andern, daß dieser Dienstzweig möglicherweise auch Einschränkungen unterliegt, die sich aus Grundrechtspositionen ergeben. Die Aussonderung eines Dienstzweigs aus dem Bereich des „Postwesens" bedeutet also nur, daß er einer anderen juristischen Betätigungskategorie und damit einem anderen Rechtsregime unterworfen wird, also beispielsweise der erwerbswirtschaftlichen Betätigung, für welche andere Rechtsgrundsätze gelten als für das „Postwesen" als Hoheitsverwaltung.

cc) *Zugehörigkeit des Postscheckdienstes zum „Postwesen"*

Nach dem bisher Gesagten kann der Postscheckdienst nur dann dem „Postwesen" zugeordnet werden, wenn er durch einen Transport- und Übermittlungseffekt charakterisiert wird. Versteht man den Transport- und Übermittlungseffekt lediglich in einem körperlichen, raumüberwindenden Sinne, so ist er dem Postscheckverkehr nicht eigen, weil keine Sachen von einem Ort zum andern befördert werden. Indessen läßt sich nachweisen, daß der Postscheckverkehr nichts anderes darstellt als die den modernen Verhältnissen angepaßte Fortentwicklung des Geldtransportes. Der Geldtransport war und ist unbestritten eine typische postalische Tätigkeit. Um die mit dem Geldtransport verbundenen Risiken zu vermeiden, hat sich dann sehr früh das Postanweisungsverfahren durchgesetzt, das in seinen Grundzügen in Preußen bereits durch Allerhöchsten Erlaß vom 24. 5. 1848 (GS S. 165) eingerichtet wurde[71]. Mit der Einführung des Postanweisungsverfahrens entfiel der unmittelbare Transport des Bargeldes. An seine Stelle trat der Transport des Beleges mit der Anweisung des Absenders, den eingezahlten

---

[71] Vgl. *Staedler*, Stichwort „Geschichte der Post", in: Handwörterbuch des Postwesens, 1927, S. 265.

IV. Der verfassungsrechtlich umgrenzte Bereich des „Postwesens"

Betrag an den Empfänger auszuzahlen. Der Transport- und Übermittlungseffekt blieb also erhalten. Andererseits ist nicht zu übersehen, daß sich die Post mit der Entwicklung des Postanweisungsverfahrens in den allgemeinen Zahlungsverkehr einschaltete. Der Postüberweisungs- und Postscheckverkehr schließt sich entwicklungsgeschichtlich an das Postanweisungsverfahren an und bedeutet nur dessen folgerichtige Weiterentwicklung. Auch dem halbbaren und baren Zahlungsverkehr kommt, freilich nicht mehr in einem körperlichen Sinne, eine Transport- und Übermittlungsfunktion zu, die von jeher als Charakteristikum postalischer Tätigkeit gegolten hat.

Diese Zusammenhänge werden nicht genügend berücksichtigt, wenn das Bundesverwaltungsgericht auch den Postscheckdienst als „nichttypischen Teil der Post" bezeichnet hat, freilich ohne dessen Zugehörigkeit zum „Postwesen" in Frage zu stellen[72].

Soweit ersichtlich ist die Zugehörigkeit des Postscheckdienstes zum „Postwesen" lediglich von *Feigenbutz* in Abrede gestellt worden[73]. Nach *Feigenbutz* sollen die „Postbankgeschäfte" insgesamt nicht unter das „Postwesen", sondern vielmehr unter den Kompetenztitel des Art. 74 Nr. 11 GG („Recht der Wirtschaft", „Bankwesen") fallen, also dem Bereich der Teilnahme des Staates am wirtschaftlichen Wettbewerb zuzuordnen sein. Dies bedeutet, daß die „Postbankgeschäfte" nicht schlechthin als unzulässig erachtet, wohl aber einem anderen Rechtsregime als dem des „Postwesens" unterstellt werden[74]. Die ebenso subtilen wie ausführlichen Begründungen, die *Feigenbutz* gibt, vermögen jedoch nicht zu überzeugen.

In einem ersten Anlauf versucht *Feigenbutz* Anhaltspunkte für seine Auffassung aus einer „Wortinterpretation" zu gewinnen und vom Standpunkt der „natürlichen Auffassung" dem gestellten Zuordnungsproblem näherzukommen. Ein solches Unterfangen, auf welches *Feigenbutz* nicht geringen Raum verwendet, muß im Rahmen einer Verfassungsinterpretation von vornherein auf ausgeprägte Skepsis stoßen. Denn es ist schon fast ein Allgemeinplatz zu sagen, daß sich bei der Auslegung verfassungsrechtlicher Normen und Begriffe mit einer Wortinterpretation kaum etwas anfangen läßt, weil die Normen und Begriffe der Verfassung traditionell geprägt sind und sich in ihrem Bedeutungsgehalt nur im technischen Zusammenhang des engeren Problemkontextes erschließen, dem aber durch eine „natürliche Auffassung" — was ist das? — nicht beizukommen ist. Dafür

---

[72] *BVerwGE* 28, 36 (46).
[73] Vgl. *Gerhard Feigenbutz*, Die Bindungen des Post- und Fernmeldewesens an und durch das Rechtsinstitut der Gebühr, 1977, S. 71 ff.
[74] Vgl. auch die Besprechung von *Gerhard Dürig*, Zu Grundfragen des Postrechts, in: Die Verwaltung 1978, S. 84 ff. (86).

4. „Postwesen" resp. „Bundespost" in Art. 73 Nr. 7 und 87 Abs. 1 GG

liefert *Feigenbutz* seinerseits selbst den Beweis. Seine Argumentation aus der „natürlichen Auffassung" ist einfach: die unter dem von ihm gewählten terminus „Postbankgeschäfte" zusammengefaßten Tätigkeiten — andere sprechen von „Gelddiensten" —, wozu namentlich der Postscheckdienst und der Postsparkassendienst zählen, seien „Bankgeschäfte". Diese Feststellung wird unter Hinweis auf § 1 Abs. 1 Nr. 1, 2 und 9 des Gesetzes über das Kreditwesen belegt, wo u. a. das Einlagengeschäft, das Girogeschäft und das Kreditgeschäft ausdrücklich als „Bankgeschäfte" bezeichnet werden. Diese gesetzliche Terminologie spiegelt nach *Feigenbutz* den „natürlichen Sprachgebrauch" wider. Demzufolge seien die entsprechenden postalischen „Bankgeschäfte" sachgegenständlich dem „Bankwesen" im Sinne des Art. 74 Nr. 11 GG zuzuordnen, nicht aber dem Postwesen im Sinne des Art. 73 Nr. 7 GG.

Eine solche begrifflich formale Betrachtungsweise bleibt schon von ihrem eigenen Ansatz her widersprüchlich. Das Gesetz über das Kreditwesen selbst hat nämlich in § 2 Abs. 1 die Deutsche Bundespost ausdrücklich aus dem Kreis der „Kreditinstitute" herausgenommen. Ferner zeigt § 2 Abs. 3 des Gesetzes über das Kreditwesen mit aller Deutlichkeit, daß es verfehlt ist, eine Tätigkeit lediglich nach ihrem äußeren Ablauf — dies ist offenkundig die „natürliche Auffassung", die *Feigenbutz* meint — zu beurteilen. Nach der genannten Gesetzesvorschrift findet nämlich das Gesetz über das Kreditwesen nur auf solche „Bankgeschäfte" der Deutschen Bundespost Anwendung, „die nicht zu den ihr eigentümlichen Geschäften gehören". Damit ist klargestellt, daß der Kreditgesetzgeber die Kompetenzfrage, die hier gestellt ist, ausdrücklich offengelassen hat, so daß es unzulässig ist, aus dem terminus „Bankgeschäfte" des Kreditwesengesetzes für das gestellte verfassungsrechtliche Kompetenzproblem Schlüsse zu ziehen.

Der Hauptfehler der Gedankenführung von *Feigenbutz*, der auch die von ihm angestellte „systematische Interpretation" beeinflußt hat, liegt darin, daß er in einem einfachen Begriffsspiel „Bankgeschäfte" und „Bankwesen" im Sinne des Art. 74 Nr. 11 GG identifiziert. Schon durch die Wahl des Begriffs „Postbankdienste" wird ein Vorverständnis geschaffen, welches den Blick dafür verstellt, daß zwei in ihrem äußeren Ablauf gleichartige Tätigkeiten sich rechtlich unterschiedlich darstellen können, je nachdem, wer sie vornimmt, zu welchem Zweck und mit welcher Legitimation sie vorgenommen werden. Hier gilt der alte Satz: Wenn zwei das gleiche tun, so ist es (rechtlich) noch lange nicht dasselbe. Genau dies ist auch gemeint, wenn § 2 Abs. 3 des Kreditwesengesetzes von den „ihnen (scil. Deutsche Bundesbank, Deutsche Bundespost etc.) eigentümlichen Geschäften" spricht, die gerade nicht als „Bankgeschäfte" eingeordnet werden, auch wenn sie sich äußerlich als solche darstellen.

IV. Der verfassungsrechtlich umgrenzte Bereich des „Postwesens"

Auch die Erwägungen von *Feigenbutz* zur „systematischen Interpretation" überzeugen nicht. Die Gefahr einer Rechtszersplitterung im Bankwesen ist ein rein theoretisches Argument ohne praktischen Hintergrund. Doch ist entscheidend, daß nach allgemeiner Auffassung unter „Bankwesen" im Sinne der Kompetenzvorschrift des Art. 74 Nr. 11 GG die „Kreditwirtschaft" als Ganzes verstanden wird[75].

„Jedenfalls fällt unter den — wenig klaren — Begriff „Bankwesen" das Bankrecht, unter dem „die Gesamtheit der Rechtsnormen" zu verstehen ist, „die sich auf die Banken als solche beziehen und den für sie typischen Geschäftsbereich regeln[76]." Unter „Banken" in diesem Sinne sind aber „gewerbsmäßige Unternehmungen für den Geld- und Kreditverkehr zu verstehen"[77].

Zur Bank gehört also der gewerbsmäßige Betrieb und vor allem auch das „Kreditgeschäft". Beides trifft für die Gelddienste der DBP nicht zu. Deshalb ist auch die Deutsche Bundespost kein „Kreditinstitut" — und zwar nicht etwa nur kraft gesetzlicher Fiktion, wie *Feigenbutz* meint. Der gesamten Beweisführung von *Feigenbutz* liegt also ein unzutreffendes Verständnis des „Bankwesens" im Sinne des Art. 74 Nr. 11 GG einerseits und der postalischen Gelddienste andererseits zugrunde. Von diesem Mißverständnis ist schließlich auch die „teleologische Interpretation" beeinflußt, die *Feigenbutz* vorführt[78]. Es bedarf somit keiner näheren Betrachtung mehr, ob die von *Feigenbutz* angezweifelte These, Art. 73 Nr. 7 GG räume gegenüber anderen Zuständigkeitsregelungen uneingeschränkt Vorrang kraft Spezialität ein, und zwar so weit, als Art. 73 Nr. 7 GG reiche[79], zutrifft.

Nach allem ist daran festzuhalten, daß der Postscheckdienst als „klassischer" Dienstzweig zum Postwesen im Sinne des Art. 73 Nr. 7 GG gehört. Dies entspricht der nahezu einhelligen Auffassung.

dd) Zugehörigkeit des Postsparkassendienstes zum „Postwesen"

Weit schwieriger als beim Postscheckdienst ist die Frage der Bereichszuordnung beim Postsparkassendienst. Schon unter der Geltung der Reichsverfassung von 1871 ist die Zulässigkeit der Einführung des Postsparkassendienstes ohne Verfassungsänderung bestritten worden,

---

[75] Vgl. *Ernst Rudolf Huber*, Wirtschaftsverwaltungsrecht, Erster Band, 2. Aufl. 1953, S. 158; *von Mangoldt / Klein*, Grundgesetz, Kommentar, Band II, 2. Aufl. 1966, Art. 74 Erl. XXII.

[76] *von Mangoldt / Klein* (FN 75), unter Hinweis auf *Herold*, Bank- und Börsenrecht, 1956, S. 1; ferner *von Münch*, Grundgesetzkommentar, Band 3, 1978, Art. 74, Rdnr. 48.

[77] Vgl. *Maunz* bei Maunz / Dürig / Herzog / Scholz, Grundgesetz, Kommentar, Art. 74 Rdnr. 69.

[78] *Feigenbutz* (FN 73), S. 77 ff.

[79] So *Maunz* bei Maunz / Dürig / Herzog / Scholz, Art. 73 Rdnr. 105.

4. „Postwesen" resp. „Bundespost" in Art. 73 Nr. 7 und 87 Abs. 1 GG

weil er sich nicht unter den Begriff des Postwesens subsumieren lasse[80]. Eingeführt wurde der Postsparkassendienst in Deutschland zu einem Zeitpunkt, als es wegen der einheitsstaatlichen Struktur und der Auflösung des Verfassungsrechts solche Kompetenz- und Verfassungsprobleme nicht gab. Unter der Geltung des Bonner Grundgesetzes ist die im Jahre 1949 angetroffene Kompetenzlage im Postsparkassendienst weitergeführt worden. Kompetenzbeanstandungen hat es nicht gegeben. Im Jahre 1969 ist schließlich der Postsparkassendienst als besonderer Dienstleistungszweig in das neu erlassene Postgesetz ausdrücklich aufgenommen worden, ohne daß der Bundesrat als die Vertretung der Länder im Bundesgesetzgebungsprozeß hiergegen irgendwelche Einwendungen erhoben hätte.

Die Frage ist, wie man diesen Tatbestand, nämlich die Tatsache, daß der Postsparkassendienst seit über 40 Jahren unangefochten von der DBP ausgeübt wird, kompetenzrechtlich zu würdigen hat. Die Lehre beschränkt sich im wesentlichen auf die apodiktische Feststellung, daß der funktionelle Bereich des „Postwesens" durch die „herkömmlichen" Dienstleistungszweige repräsentiert werde, wobei diese „herkömmlichen" Dienstleistungszweige ihren normativen Niederschlag in § 1 PostG gefunden hätten[81]. Die Rechtsprechung steht offenbar auf demselben Standpunkt, freilich nicht ohne das Postsparkassenwesen als „nichttypischen Teil der Post" zu qualifizieren, der jedoch kraft Herkommens dem Postwesen zuzurechnen ist[82].

Nach dem oben entwickelten Begriffsmuster scheitert eine Einordnung des Postsparkassendienstes unter den Kompetenztitel des „Postwesens" daran, daß das Kriterium des Transport- und Übermittlungseffektes fehlt. Indessen wäre es verfrüht, aus diesem Befund sogleich ein Endresultat ziehen zu wollen. Bevor ein endgültiges Urteil über die rechtliche Placierung des Postsparkassendienstes getroffen wird, seien zuvor die verschiedenen Einordnungsmöglichkeiten, die sich anbieten, dargestellt und diskutiert. Drei verschiedene Wege einer Bereichszuordnung kommen in Betracht.

Erstens kann man den Postsparkassendienst, wie dies in der Lehre allgemein geschieht, dem Sachbereich des *„Postwesens"* zuordnen. Er erscheint dann als einer der „herkömmlichen" Dienstleistungszweige.

---

[80] Vgl. *Haenel*, Deutsches Staatsrecht, Band 1, 1892, S. 415.
[81] Vgl. z. B. *Badura*, in: Bonner Kommentar, Art. 73 Nr. 7 Rdnr. 6; *von Münch*, Grundgesetzkommentar, Band 3, 1978, Art. 73 Rdnr. 44; *Maunz* bei Maunz / Dürig / Herzog / Scholz, Art. 73 Rdnr. 102; aus der Kommentarliteratur z. B. *Ohnheiser*, Postrecht, Kommentar, 2. Aufl. 1977, § 1 PostG Rdnr. 2; *Altmannsperger*, Gesetz über das Postwesen, Loseblatt-Kommentar, Stand: August 1976, § 1 Rdnr. 4.
[82] In diesem Sinne wird man verstehen müssen *BVerwGE* 28, 26 (46).

IV. Der verfassungsrechtlich umgrenzte Bereich des „Postwesens"

Zweitens wird die These vertreten, daß der Postsparkassendienst als Element der „Postbankdienste" in den Bereich der *Teilnahme des Staates am wirtschaftlichen Wettbewerb* gehört und dem Kompetenztitel des Art. 74 Nr. 11 GG unterfällt („Recht der Wirtschaft", „Bankwesen")[83]. Allerdings wird diese Einordnungsvariante nicht weiter ausgezeichnet. *Feigenbutz* beschränkt sich im wesentlichen darauf, den Postsparkassendienst aus dem Sachbereich des „Postwesens" zu eliminieren, ohne der weiteren Frage nachzugehen, ob und wie der Postsparkassendienst nach seiner gesetzlichen Ausgestaltung, die er im Postgesetz und in der Postsparkassenverordnung gefunden hat, ohne Widersprüche und Ungereimtheiten in den Bereich der Teilnahme des Staates am wirtschaftlichen Wettbewerb eingeordnet werden soll.

Drittens ist schließlich eine Variante denkbar, die soweit ersichtlich bisher noch von keiner Seite vertreten wurde. Der Postsparkassendienst könnte nämlich auch als Agende der *sonstigen Bundeshoheitsverwaltung (außerhalb des Post- und Fernmeldewesens)* verstanden werden, die ihrerseits deswegen dem Verwaltungspotential der DBP zugeordnet worden ist, weil die mit dem Postsparkassendienst verfolgten staatlichen Zwecke nur mit dem verzweigten Dienststellennetz der DBP überhaupt realisierbar sind. — Eine solche Deutung hätte nach den Motiven, der Entwicklungsgeschichte und der positivrechtlichen Ausgestaltung des Postsparkassendienstes vieles für sich. Der Sinn und Zweck der Postsparkassen besteht, wie die Diskussion um die Einführung des Postsparkassendienstes gezeigt hat, darin, den Spargedanken und die Spartätigkeit insbesondere der minderbemittelten Bevölkerungskreise noch mehr zu fördern, als dies die überkommenen Sparkassen schon getan haben und tun. Dafür erschien das dichte Zweigstellennetz der DBP, welches flächendeckend über das gesamte Staatsgebiet reicht, in besonderem Maße geeignet. Hinzu kam die mit dem Postsparbuch verbundene landesweite Freizügigkeit des Sparverkehrs, die bei den öffentlichen Sparkassen erst später eingeführt worden ist. Hebt man auf die Förderung der Spartätigkeit und des Sparsinns „des kleinen Mannes" ab, so obliegt der DBP mit dem Betrieb der Postsparkassen ein öffentlicher Auftrag, der mit dem öffentlichen Auftrag der kommunalen Sparkassen[84] in Parallele zu sehen ist, genauer gesagt: den seit langem bestehenden öffentlichen Auftrag der kommunalen Sparkassen ergänzt. Für eine Zuordnung zum Bereich der (sonstigen) Hoheitsverwaltung des Bundes spricht ferner die *öffent-*

---

[83] So *Feigenbutz*, Die Bindungen des Post- und Fernmeldewesens an und durch das Rechtsinstitut der Gebühr, 1977, S. 71 ff.

[84] Dazu z. B. *Joachim Burmeister*, Der öffentliche Auftrag der Sparkassen und seine geschäftspolitischen Konsequenzen, Vortrag auf der 27. Arbeitstagung für Sparkassenleiter am 8. November 1972 in Stuttgart, als Manuskript gedruckt; *BVerwG DVBl*. 1971, 780 (781).

4. „Postwesen" resp. „Bundespost" in Art. 73 Nr. 7 und 87 Abs. 1 GG

lich-rechtliche Ausgestaltung des Postsparkassenverhältnisses[85]. Schließlich bleibt zu erwähnen, daß im Postsparkassendienst entsprechend der öffentlich-rechtlichen Ausgestaltung des Postbenutzerverhältnisses keine privatrechtlichen Entgelte, sondern *öffentlich-rechtliche* Gebühren erhoben werden, deren Höhe sich nach dem Kostendeckungsprinzip bemißt, welches seinerseits Gewinne prinzipiell nicht zuläßt. Insoweit unterscheiden sich die Postsparkassen auch grundsätzlich von den kommunalen Sparkassen. Zwar weisen beide Sparkassen der Organisationsform nach öffentlich-rechtlichen Charakter auf, aber die Geschäftsbeziehungen zwischen kommunalen Sparkassen und Kunden sind privatrechtlich geordnet[86], während die Rechtsbeziehungen zwischen Postsparkassen und ihren Benutzern auf öffentlich-rechtlichen Grundlagen beruhen[87].

Nach dem Vorgesagten ergibt sich demnach, daß die Verweisung des Postsparkassendienstes in den Bereich der Teilnahme des Staates am wirtschaftlichen Wettbewerb ausscheidet. Nach den Intentionen, die mit dem Postsparkassendienst in seinem derzeitigen Zuschnitt verfolgt werden, und nach seiner gegenwärtigen gesetzlichen Ausgestaltung ist der Postsparkassendienst deutlich als eine Staatsaufgabe qualifiziert, die im Rahmen der staatlichen Hoheitsverwaltung erfüllt wird. Der Postsparkassendienst läßt sich demzufolge nicht als erwerbswirtschaftliche Tätigkeit des Bundes einordnen. Nach allem bleibt deshalb nur eine Verortung entweder im Sachbereich des „Postwesens" oder der „sonstigen Hoheitsverwaltung des Bundes". Im folgenden seien diese beiden Einordnungsmöglichkeiten weiterverfolgt. — Eine Einordnung in die „sonstige Hoheitsverwaltung" des Bundes stößt auf eine weitere verfassungsdogmatische Schwierigkeit. Will man den „Sparkassendienst" als Gegenstand einer bundesrechtlichen Regelung begreifen, ohne ihn dem Kompetenztitel des „Postwesens" zuzurechnen, so wäre zunächst ein anderer *legislativer* Kompetenztitel des Bundes notwendig. Ein solcher Kompetenztitel könnte, soweit es die Erklärung des „Sparkassendienstes" zur Staats- und Verwaltungsaufgabe anbetrifft, zur Not in Art. 74 Nr. 7 GG („öffentliche Fürsorge") erblickt werden, wenn man in Betracht zieht, daß die „Postsparkassen" von ihrer Intention her als die „Sparkasse des kleinen Mannes" gedacht war und gedacht ist. Schwieriger ist jedoch die Frage zu lösen, wie die Zuordnung eines solchen bundesgesetzlich statuierten Sparkassendienstes als soziale staatliche Aufgabe zur bundeseigenen Verwaltung im Sinne des Art. 87 Abs. 1 GG begründet werden soll, wenn — wovon

---

[85] Vgl. *Altmannsperger*, Gesetz über das Postwesen, Loseblatt-Kommentar, Stand: August 1976, § 7 Rdnr. 14 mit Nachweisen aus der Rechtsprechung.
[86] Vgl. *Heinevetter*, Sparkassengesetz Nordrhein-Westfalen, Kommentar, Loseblattausgabe, 2. Aufl. 1978, § 2 Erl. 3.
[87] Vgl. *Altmannsperger* (FN 85).

IV. Der verfassungsrechtlich umgrenzte Bereich des „Postwesens"

nach dem Vorgesagten auszugehen ist — der „Sparkassendienst" nicht von dem Kompetenztitel des „Postwesens" erfaßt wird und demzufolge auch nicht per se zur Verwaltungskompetenz der „Bundespost" im Sinne des Art. 87 Abs. 1 GG gehört. Diese Schwierigkeit läßt sich jedoch mit Hilfe der Lehre von den ungeschriebenen Bundeszuständigkeiten überwinden[88]. Allerdings braucht der Bund, um Verwaltungszuständigkeiten für sich in Anspruch zu nehmen, prinzipiell einen besonderen grundgesetzlichen Kompetenztitel. Wäre das Postgesetz, welches den Postsparkassendienst der DBP als Aufgabe zuweist, mit Zustimmung des Bundesrates erlassen worden, so könnte dieser Kompetenztitel in Art. 84 Abs. 1 GG erblickt werden. Indessen sind die gesetzgebenden Instanzen bei Erlaß des Postgesetzes offenkundig einhellig von der Auffassung ausgegangen, daß der Postsparkassendienst von dem Kompetenztitel des „Postwesens" umschlossen werde, so daß sich die Frage einer Zustimmung des Bundesrates gar nicht stellte[89]. Andererseits ist inzwischen erkannt, daß trotz der ausgefeilten grundgesetzlichen Verwaltungskompetenzordnung die Annahme ungeschriebener Bundesverwaltungszuständigkeiten in Ausnahmefällen unvermeidbar ist. Diese Möglichkeit hat das Bundesverfassungsgericht selbst in einigen Entscheidungen angedeutet, wenn es ausführt:

„Es sind Gesetze denkbar, deren Zweck durch das Verwaltungshandeln eines Landes überhaupt nicht erreicht werden kann. Grundsätzlich ist davon auszugehen, daß das Grundgesetz bei der in Art. 30 und 83 ff. getroffenen Regelung eine reibungslose und vollständige „Ausführung" der Bundesgesetze unterstellt. Nur dann, wenn diese vollständige Ausführung durch die Landesverwaltung nicht erreicht werden kann, könnte man annehmen, daß das Grundgesetz stillschweigend eine andere Regelung zuläßt, nämlich die, daß die Ausführung dem Bund übertragen ist. Der Umstand, daß im Einzelfall eine Ausführung durch den Bund zweckmäßiger wäre, kann nicht als Argument dafür dienen, daß das Grundgesetz stillschweigend etwas anderes zuläßt[90]."

---

[88] Vgl. dazu *von Mangoldt / Klein*, Das Bonner Grundgesetz, Band III, 2. Aufl. 1974, Art. 83 Anm. IV 4; *Broß* bei von Münch (Hrsg.), Grundgesetzkommentar, Band 3, 1978, Art. 83 Rdnr. 4; *Maunz* bei Maunz / Dürig / Herzog / Scholz, Art. 83 Rdnr. 30.

[89] Vgl. *Schmidt*, Materialien zum Gesetz über das Postwesen vom 28. 7. 1969, ArchPF 1970, 435 ff. mit einer vollständigen Dokumentation. In der Begründung zu § 1 des Regierungsentwurfs heißt es wie folgt: „§ 1 Abs. 1 des Entwurfs legt einleitend den sachlichen Geltungsbereich der nachfolgenden gesetzlichen Bestimmungen fest, indem er die fünf Dienstzweige des Postwesens aufzählt, die im Laufe der geschichtlichen Entwicklung zu einer in sich geschlossenen Verwaltungseinheit zusammengewachsen sind und — zusammen mit dem Fernmeldewesen — die gemäß Art. 87 Abs. 1 Satz 1 GG, § 1 Abs. 1 PostVwG unter der Bezeichnung ‚Deutsche Bundespost' geführte bundeseigene Verwaltung bilden." — Diese Auffassung ist im Gesetzgebungsverfahren offenbar als selbstverständlich hingenommen worden.

[90] *BVerfGE* 22, 180 (216 f.) unter Hinweis auf *BVerfGE* 11, 6 (17).

4. „Postwesen" resp. „Bundespost" in Art. 73 Nr. 7 und 87 Abs. 1 GG

Diese Gedanken, die im Schrifttum weiter ausgeführt sind, können auch im Falle des Postsparkassendienstes Platz greifen. Denn von dem mit dem Postsparkassendienst verfolgten staatlichen Zweck aus gesehen sind die Länder schon „von der Natur der Sache her" außerstande, das Bundesgesetz zu erfüllen, weil ihnen ein der DBP zukommendes eigenes Verwaltungspotential von gleicher Verzweigung fehlt. Das Ziel, die Spartätigkeit des kleinen Mannes in noch größerem Maße anzuregen und zu fördern, als dies schon durch die kommunalen Sparkassen geschieht, kann aus tatsächlichen Gründen nur erreicht werden, wenn man das bürgernächste und verzweigteste Verwaltungspotential in Dienst nimmt, welches im Staatsgebiet existiert, und dies ist unzweifelhaft die DBP.

Nach allem ergibt sich also, daß sich die Einordnung des Postsparkassendienstes unter die „sonstige Hoheitsverwaltung des Bundes" auch unter verwaltungskompetentiellen Gründen verfassungsrechtlich bewältigen läßt. Diese Lösung erscheint als die einzig sachgerechte, wenn man an der Prämisse festhält, daß zum „Postwesen" unter allen Umständen nur solche Dienstzweige gerechnet werden können, die — wenn auch in rudimentär-vergeistigter Form — durch einen Transport- und Übermittlungseffekt charakterisiert sind. Die weiteren Überlegungen sollen nochmals der Frage nachgehen, ob diese Prämisse erweiterungsfähig oder modifizierbar ist, so daß auch der „Postsparkassendienst" in den Sachbereich des „Postwesens" einbezogen werden kann.

Wie schon im einzelnen dargetan kann eine historische Auslegung des Begriffs „Postwesen" nicht allein durch eine historisch-additive Begriffsbildung sinnvoll erfolgen[91]. Um die „postwesensfremden" Aufgaben aus dem gesamten Zuständigkeitskatalog der Institution DBP auszusondern, ist das Zusatzkriterium des Transport- und Übermittlungseffektes eingeführt worden, welches sich als gemeinsames charakteristisches Merkmal der herkömmlichen postalischen Geschäfte erweist, aber nicht für den Postsparkassendienst paßt. Die herrschende Lehre verzichtet auf dieses Kriterium und stellt stattdessen auf das „Herkommen" der Dienstleistungszweige ab. Im folgenden geht es darum, zu verdeutlichen, welches verfassungsdogmatische Argumentationsmuster sich hinter dem apodiktisch wiederholten Begriff des „Herkommens" verbirgt und ob diese Argumentation dem Kriterium des Transport- und Übermittlungseffektes vorzuziehen ist.

Mit dem Begriff des „Herkommens" wird im Gegensatz zum objektiven Kriterium des Transport- und Übermittlungseffektes auf die subjektive Anschauung darüber, was „man" bislang als ureigene An-

---

[91] Vgl. oben IV. 4. d) aa).

IV. Der verfassungsrechtlich umgrenzte Bereich des „Postwesens"

gelegenheit der DBP dem Sachbereich des „Postwesens" zugerechnet hat, verwiesen. Der Begriff des „Herkommens" wird in der Fachterminologie nicht einheitlich benutzt; er ist mehrdeutig[92]. Bezeichnenderweise wird der Begriff des Herkommens auch zur Bezeichnung einer auf Gewohnheitsrecht beruhenden Rechtsnorm verwendet. Damit ist ein dogmatisch glatter Ansatz angedeutet, mit dem sich der „Postsparkassendienst" dem Postwesen zurechnen ließe, ohne das bisher entwickelte Kriterium des Transport- und Übermittlungseffektes aufzugeben. Es ist in der Tat die Frage zu stellen, ob sich die Zuordnung des Postsparkassendienstes zum „Postwesen" nicht schon unter dem Gesichtspunkt eines Verfassungsgewohnheitsrechtssatzes rechtfertigen läßt. Dabei ist aus der Sicht des Jahres 1980 davon auszugehen, daß der Postsparkassendienst seit über vierzig Jahren in der Praxis unangefochten erfüllt wird und daß die maßgeblichen gesetzgebenden Instanzen bei Erlaß des Postgesetzes im Jahre 1969 die Zugehörigkeit des Postsparkassenwesens zum „Postwesen" nicht angezweifelt haben, also von einer entsprechenden Rechtsüberzeugung ausgingen. Hinzuzufügen wäre, daß auch schon der Verfassungsgeber des Jahres 1949, obwohl seinerzeit der Postsparkassendienst bereits existierte, die Zugehörigkeit des Postsparkassendienstes zum Funktionskreis des „Postwesens" nicht in Frage gestellt hat[93]. Selbst wer aber dem Gedanken der Entstehung eines Verfassungsgewohnheitsrechtssatzes nicht folgen wollte, müßte doch die bislang bestehende über mehr als vier Jahrzehnte während Staatspraxis in seine Auslegungsbemühungen einbeziehen.

Freilich mag auf den ersten Blick der Gedanke befremden, eine bestimmte Staatspraxis könne den verbindlichen Inhalt einer Verfassungsnorm vorprägen und damit inhaltlich (mit-)bestimmen. Andererseits dürfte aber ebenso einleuchten, daß eine über viele Jahrzehnte geübte Staatspraxis, die sowohl von den Staatsorganen des Bundes wie auch der Länder mit opinio iuris geübt worden ist, nicht schlechthin als rechtlich irrelevant betrachtet werden kann. Im einschlägigen Fachschrifttum lassen sich denn auch Stellungnahmen maßgeblicher Stimmen vernehmen, die der Staatspraxis — namentlich im grundrechtsfernen Organisationsbereich der Verfassung — eine starke interpretatorische Bedeutung beimessen. Schon auf dem Heidelberger Kolloquium im Jahre 1961 hat *Friesenhahn* darauf hingewiesen, daß bei der Interpretation des Grundgesetzes zwischen den Kompetenznormen einerseits und dem Grundrechtsbereich andererseits unterschieden werden müsse, wobei er den eigentlichen Raum einer interpretatorischen Entfaltung durch das Bundesverfassungsgericht bei den Grundrechten

---

[92] Vgl. *Hans Gröpper*, Gewohnheitsrecht, Observanz, Herkommen und Unvordenkliche Verjährung, DVBl. 1969, S. 945 ff. (946).
[93] *Füsslein*, JöR 1, S. 477 f.

sieht, dagegen für die Auslegung von Kompetenzbestimmungen der Verfassung richterliche Zurückhaltung fordert[94]. Noch deutlicher betont *Bachof*, es sei gerade bei Kompetenznormen gerechtfertigt, der Staatspraxis Rechnung zu tragen, ja ihr eine gewissermaßen ergänzende Rechtsetzungsfunktion zuzuerkennen. Hieraus folgert er weiter, daß das Bundesverfassungsgericht — freilich in gewissen Grenzen — einer solchen gegebenen Kompetenzausübung bei seiner Entscheidung Rechnung tragen darf und muß[95]. Ferner hat *Tomuschat* der rechtsbildenden Kraft des „Eigengewichts der Staatspraxis" eine längere Erörterung gewidmet. Er kommt in abgewogener Darstellung des Pro und Contra zu dem Schluß, daß die Praxis der Staatsorgane eine „faktische Vorprägung der Verfassungsauslegung" impliziere, die das Bundesverfassungsgericht nicht ohne weiteres übergehen könne[96].

In den vorstehenden Stellungnahmen kommt der Stellenwert der Staatspraxis bei der inhaltlichen Erfassung von Kompetenznormen der Verfassung klar zum Ausdruck. Es spricht danach einiges dafür, den Begriff des „Postwesens" so zu deuten, daß er sowohl alle Agenda umfaßt, die einen Transport- und Übermittlungseffekt aufweisen, als auch zusätzlich — ohne Rücksicht auf dieses Kriterium — jene, die herkömmlicherweise als postalische Agenden verstanden worden sind. Dazu würde auch der Postsparkassendienst, nicht aber andere Tätigkeiten wie beispielsweise die aufgrund sondergesetzlicher Vorschrift übertragenen Hilfstätigkeiten für andere Verwaltungsträger (z. B. Rentenversicherungsträger, Steuerbehörden) rechnen.

Man mag darüber streiten, welche der beiden vorgeführten Auslegungsmethoden die überzeugendere ist. Vom dogmatischen Standpunkt dürfte das strikte Abstellen auf die Transport- und Übermittlungsfunktion glatter sein. Aber sie reißt eine breite Kluft zur Staatspraxis auf, die sich wegen der einfachgesetzlich vorgegebenen Strukturen nur mit Mühe überbrücken läßt. Die Hereinnahme des „Herkommens" als weiteres Zusatzkriterium löst demgegenüber das Problem des Postsparkassendienstes glatt, wirft aber unter dem Gesichtspunkt der Verfassungsdogmatik einige Bedenken auf. Letztlich braucht man die Frage, ob der Postsparkassendienst zum „Postwesen" oder zur „sonstigen Hoheitsverwaltung des Bundes" gehört, für die in dieser Untersuchung aufgegebene Fragestellung nicht endgültig zu entscheiden. Denn, wie sich noch zeigen wird, stellt sich das Problem der Erweiterung des Zuständigkeitskataloges der DBP in beiden Fällen nahezu gleich.

---

[94] *Ernst Friesenhahn*, in: Verfassungsgerichtsbarkeit in der Gegenwart, 1962, S. 859, 860.
[95] *Otto Bachof*, Der Verfassungsrichter zwischen Recht und Politik, in: summum ius summa iniuria, 1963, S. 41 ff. (50).
[96] *Christian Tomuschat*, Verfassungsgewohnheitsrecht?, 1972, S. 133 ff.

5. Zwischenergebnis

Als Zwischenergebnis der Überlegungen zur Auslegung der Begriffe „Postwesen" im Sinne des Art. 73 Nr. 7 GG und „Bundespost" im Sinne des Art. 87 Abs. 1 GG kann demnach folgendes festgehalten werden.

Die Begriffe „Postwesen" und „Bundespost" meinen denselben Sachbereich. Da die Verwaltungszuständigkeit des Bundes nicht weiter reicht als seine Gesetzgebungszuständigkeit, ist für die Interpretation beim Begriff „Postwesen" im Sinne des Art. 73 Nr. 7 GG anzusetzen. Bei der Auslegung von Kompetenzbegriffen kommt nach der Rechtsprechung des Bundesverfassungsgerichts der historischen Auslegung ein besonderes Gewicht zu. Nach der historischen Auslegung gehören zum „Postwesen" alle Dienstzweige, die durch einen Transport- und Übermittlungseffekt charakterisiert sind. Dies gilt entgegen vereinzelten Stimmen im Schrifttum auch für den Postscheckdienst. Schwierigkeiten bereitet die Einordnung des Postsparkassendienstes. Dieser Dienstzweig kann sowohl unter den Begriff des „Postwesens" fallen wie auch in den Bereich der „sonstigen Hoheitsverwaltung des Bundes". Die Zuordnung ist abhängig davon, welches Gewicht man der Staatspraxis bei der Auslegung der Kompetenznormen einräumen will.

6. Erweiterung des Bereichs des „Postwesens"

a) Stellungnahmen im Schrifttum

Die Frage, ob, inwieweit und auf welche Weise der Wirkungsbereich der DBP erweitert werden kann, ist im einschlägigen Schrifttum bislang nicht grundsätzlich behandelt worden. In der Kommentarliteratur zum Grundgesetz ebenso wie im spezielleren post-rechtlichen Schrifttum findet man fast nur apodiktische Stellungnahmen, die eine grundsätzliche Konzeption vermissen lassen und demzufolge zu ganz konträren Aussagen kommen.

So wird beispielsweise behauptet, unter das „Postwesen" fielen alle Dienstzweige, die gegenwärtig von der DBP wahrgenommen oder ihr künftig durch Gesetz übertragen würden[97]. Wenn man diese Aussage richtig deutet, wird also die Erweiterung in das Ermessen des Gesetzgebers gestellt. — Nach anderer Auffassung soll sich aus § 12 Abs. 2 PostVerwG ein „Recht auf Aufnahme neuer Geschäftszweige" durch die Bundespost ergeben[98]. *Ohnheiser* unterscheidet zwischen der „Ein-

---

[97] Vgl. *Fritz Schuster*, Die staatsrechtlichen Grundlagen der Deutschen Bundespost, ArchPF 1951, S. 65 ff.; auch *Meckel / Kronthaler*, Das Bundesministerium für das Post- und Fernmeldewesen und die Deutsche Bundespost, 1967, S. 41 f.

führung *neuer* Dienstzweige" und der „Erweiterung der *bestehenden* Dienstzweige". Die Einführung neuer Dienstzweige soll zulässig sein, „wenn sie aufgrund neuer technischer Entwicklungen erforderlich sind und dem historischen Begriff des Postwesens nicht widersprechen". Demgegenüber soll die „Erweiterung der bestehenden Dienstzweige" möglich sein, „auch wenn dies dem historischen Begriff des Postwesens nicht entspricht". Zur Begründung wird auf § 12 PostVwG verwiesen[99]. Dieser Hinweis ist aber von grundsätzlichen noch zu erwähnenden Einwänden abgesehen schon deswegen in sich widersprüchlich, weil § 12 PostVwG keinen Unterschied zwischen der Übernahme neuer oder der „Änderung bestehender Dienstzweige" macht.

Die Kommentarliteratur zum Grundgesetz behandelt die Problematik der Erweiterung des postalischen Wirkungskreises entweder überhaupt nicht oder nur am Rande, ohne hierbei zu klaren Aussagen zu kommen[100]. Soweit ersichtlich wird lediglich von *Badura* eine in sich schlüssige Konzeption vorgelegt[101]. *Badura* geht von einem historisch orientierten Begriff des „Postwesens" aus und kommt zu dem Ergebnis, „daß die Einführung neuer Geschäftszweige der Bundespost durch Art. 73 Nr. 7 GG nur gedeckt ist, wenn diese entweder dem angegebenen inhaltlichen Begriff des Postwesens entsprechen oder wenn sie mit den bereits ausgeübten Postgeschäften in einem zwangsläufigen Zusammenhang stehen (Bundeskompetenz kraft Sachzusammenhangs)".

Eine ähnliche Position wird für den Bereich der Ausdehnung der Postbankdienste von *Rupp* und *Frowein* eingenommen[102].

b) Rechtliche Grundlagen und Voraussetzungen einer Erweiterung

Für die Frage, unter welchen Voraussetzungen eine Erweiterung des gegenwärtigen Wirkungskreises, der unter dem Kompetenztitel des „Postwesens" zusammengefaßt wird, zulässig ist, kann auf die bereits vorgenommene Interpretation dieses verfassungsrechtlichen terminus zurückgegriffen werden. Wie bereits festgestellt wurde, ist danach jene Auffassung verfassungsrechtlich unhaltbar, die die Um-

---

[98] Vgl. *Schneider*, in: Das Deutsche Bundesrecht, VI H 10 Anm. zu § 1 Abs. 2 PostVwG.
[99] Vgl. *Ohnheiser*, Postrecht, Kommentar, 2. Aufl. 1977, § 1 PostG Rdnr. 19.
[100] Vgl. etwa *Maunz* bei Maunz / Dürig / Herzog / Scholz, Grundgesetz, Art. 87 Rdnr. 30, 31; *von Mangoldt / Klein*, Das Bonner Grundgesetz, Kommentar, Band III, Art. 87 Anm. III 5 d) dd), III 5 c) aa).
[101] *Badura*, in: Bonner Kommentar, Art. 73 Nr. 7 Rdnr. 6.
[102] Vgl. *Hans Heinrich Rupp*, Verfassungsrechtliche Aspekte der Postgebühren und des Wettbewerbs der Deutschen Bundespost mit den Kreditinstituten, 1971, S. 28; *Jochen Abr. Frowein*, Rechtsgutachten zur verfassungsrechtlichen Zulässigkeit des Kostenausgleichs zwischen verschiedenen Diensten der Bundespost, der Anwendung des Wettbewerbsrechts auf die Bundespost und der Aufnahme neuer Dienste (unveröffentlicht), 1971, S. 38 ff.

grenzung des „Postwesens" in die Dispositionsfreiheit des (einfachen) Bundesgesetzgebers stellt. Der Begriff des „Postwesens" ist ein Kompetenzbegriff, der die Funktionsbereiche zwischen Bund und Ländern abgrenzen soll. Diesen Zweck kann er nur erfüllen, wenn er als Verfassungsbegriff der Disposition des einfachen Gesetzgebers prinzipiell entzogen wird. Verfehlt ist deshalb der Hinweis auf § 12 PostVwG. Diese Vorschrift sagt nur etwas darüber aus, wer über die Erweiterung oder Veränderung des Aufgabenkreises der DBP entscheiden soll, *sofern* eine solche Erweiterung oder Änderung verfassungsrechtlich überhaupt zulässig ist. Die Zulässigkeitsfrage, um die es hier geht, ist jedoch in § 12 PostVwG gerade nicht geregelt und sie kann aus den schon angegebenen Gründen dort auch nicht geregelt sein.

Bei der Interpretation des Begriffs „Postwesen" wurde festgestellt, daß es sich um einen „zukunftsoffenen" historischen Begriff handelt. Dies bedeutet, daß der Aufgabenbestand der DBP erweitert werden kann, die Erweiterungen jedoch an dem „traditionellen Grundbestand" des Wirkungskreises der DBP zu orientieren sind.

Erweiterungen der herkömmlichen Dienstzweige sind zulässig, sofern neue „Beförderungsbedürfnisse" auftauchen, die per se zu einem herkömmlichen Dienstzweig rechnen. Schließlich sind auch solche Erweiterungen durch den Kompetenztitel des „Postwesens" gedeckt, die sich unter veränderten Umständen als notwendige Ergänzungen herkömmlicher Dienstzweige erweisen.

Diese Ausformungen und Konkretisierungen folgen unmittelbar aus den bereits an früherer Stelle gewonnenen Auslegungsergebnissen, nach welchen der Begriff des „Postwesens" einen zukunftsoffenen historisch-additiven terminus darstellt. Sie sind notwendig, weil sonst konkrete Erweiterungsprojekte nicht rational zu beurteilen sind und damit der verfassungsrechtliche Begriff des „Postwesens" seine kompetenzprägende und -scheidende Kraft nicht entfalten könnte.

c) Beurteilung konkreter Erweiterungsprojekte

Unter Beachtung der vorstehenden Kriterien kann nunmehr in eine Einzelbetrachtung des Kataloges von Dienstleistungsprojekten eingetreten werden, die den Anlaß für diese Untersuchung bilden.

aa) *Von vornherein auszuscheidende Projekte*

Von den erwogenen Dienstleistungsprojekten scheiden mangels Transport- und Übermittlungsfunktion oder/und mangels sachlicher Zugehörigkeit zu einem herkömmlichen Dienstleistungszweig von vornherein aus

- die Abgabe von Kraftfahrzeugsteuer-Plaketten,
- der Verkauf von Fahrausweisen der Dortmunder Stadtwerke AG,
- der Verkauf von Gegenständen für gemeinnützige Zwecke,
- der Verkauf von Gegenständen für erwerbswirtschaftliche Zwecke,
- die Erbringung von Dienstleistungen für Dritte durch Vermietung von Sachmitteln und Überlassung von Personal.

Bei den vorstehenden Tätigkeiten handelt es sich teils um Agenden, die der Teilnahme am wirtschaftlichen Wettbewerb zuzurechnen sind, teils um Agenden, die zum Bereich der sonstigen Hoheitsverwaltung des Bundes außerhalb des Postwesens gehören. Beide Komplexe werden an späterer Stelle behandelt.

bb) *Post-Kurier-Dienst*

Der Post-Kurier-Dienst soll das Bedürfnis nach eiligen Vermittlungsdiensten von Haus zu Haus (z. B. Beförderung von Waren vom Absender unmittelbar zum Empfänger) besonders innerhalb von Großstädten befriedigen und neben insoweit bereits bestehende private Beförderungsdienste (z. B. Taxi) treten. Er soll an die bereits vorhandene Organisation für die Eilzustellung angebunden werden und zu kostendeckenden Gebühren arbeiten.

Nach den bisher erarbeiteten Kriterien bietet die Frage der Einordnung des Post-Kurier-Dienstes unter das „Postwesen" keine grundsätzlichen Schwierigkeiten. Da es sich um eine Aufgabe handelt, für die der Transporteffekt wesentlich, ja ihr eigentlicher Inhalt ist, liegt die Qualifikation als Postagende auf der Hand.

Die weitere Frage, ob es sich um die „Einführung eines neuen Dienstzweiges" oder um die „Erweiterung eines herkömmlichen Dienstzweiges" handelt, dürfte nicht ohne weiteres zu beantworten sein. Auf diese in der postrechtlichen Literatur gelegentlich gemachte Unterscheidung braucht indessen nicht näher eingegangen zu werden, da sie für die Frage der verfassungsrechtlichen Zulässigkeit im vorliegenden Zusammenhang keine Bedeutung hat. Andererseits führt diese Unterscheidung doch dazu, daß gewisse Grenzlinien bewußt gemacht werden. Gegenüber den herkömmlichen Diensten tritt beim Post-Kurier-Dienst an die Stelle einer reglementierten Massenbeförderung die Erfüllung eines (zeitlich und räumlich wie auch sachlich) individuellen Transportwunsches. Doch wird man diesen Unterschied kaum als so essentiell einstufen können, daß er die Einordnung unter den Begriff des „Postwesens" versperrt. — Hingegen ist entscheidend, welche Gegenstände transportiert werden sollen. Dem innerstädtischen Transport unterliegen auch beispielsweise Möbel oder Müll. Wollte man insoweit lediglich auf den Transport- und Übermittlungseffekt abheben, würde unter dem Kompetenztitel des „Postwesens" möglicherweise der Aufbau von postalischen Speditions- und Müllabfuhrunternehmen zulässig sein. Daß solche „Ausweitungen" nicht mehr dem herkömmlichen Bild der Post als staatliche Verkehrsanstalt entsprächen, dürfte kaum zu bestreiten sein. Der Post-Kurier-Dienst wird als postalischer Dienstzweig problematisch, wenn er auch Gegenstände umfassen soll, denen die *Kleingutqualität* nicht mehr zugesprochen werden kann.

cc) Einführung einer Behältersendung (Gebinde)

Unter einer Behältersendung versteht man eine Vielzahl von Einzelsendungen von *einem* Absender an *einen* Empfänger, wobei die Einzelsendungen zusammengefaßt in einem Behälter (Container) transportiert werden. Dabei müssen sich die einzelnen Sendungen sowohl vom Umfang wie auch vom Volumen her für einen Behälterversand eignen. Die Behältersendung darf insgesamt ein Höchstgewicht von 900 kg nicht überschreiten.

Die Behältersendung bewirkt eine Beschleunigung des Transports sowie eine schonendere Behandlung des Transportgutes bei gleichzeitiger Vergünstigung in der Gebührenerhebung.

Bei der Frage der verfassungsrechtlichen Zulässigkeit der Behältersendung ist zunächst festzustellen, daß weder die Einführung eines neuen noch die Erweiterung eines herkömmlichen Dienstzweiges vorliegt, sondern nur eine Rationalisierung des Beförderungsvorganges, sofern die im Behälter zusammengefaßten Einzelsendungen je für sich das in § 25 Abs. 5 der Postordnung für Pakete vorgeschriebene Höchstgewicht von 20 kg nicht überschreiten. Ist dies der Fall, handelt es sich bei der Behältersendung um nichts anderes als um eine Frage der technischen Organisation des Paketdienstes im Sinne des § 1 Nr. 1 PostG.

Sofern das Höchstgewicht für die Einzelsendungen heraufgesetzt werden soll, ergäbe sich die hier noch nicht zu behandelnde Frage, wer für eine solche Neufestsetzung des Höchstgewichtes zuständig wäre. An dieser Stelle interessiert jedoch nur die andere Frage, ob die Heraufsetzung des Höchstgewichtes für Pakete auf rechtliche Grenzen stößt oder der freien Disposition der jeweils zuständigen Regelungsinstanz (Gesetzgeber oder Verordnungsgeber) anheimgegeben ist.

Betrachtet man Extremfälle, so wird die Relevanz und Schwierigkeit der Problemstellung ohne weiteres deutlich. Eine Heraufsetzung des Höchstgewichts auf beispielsweise 25 kg wäre gewiß anders zu beurteilen als eine Erhöhung beispielsweise auf 200 kg. Die Gründe für die Unterschiedlichkeit der Beurteilung liegen auf der Hand. Im ersten

6. Erweiterung des Bereichs des „Postwesens"

Falle könnte trotz der Erhöhung um 5 kg noch von einem „Paket" im herkömmlicherweise verstandenen Sinne gesprochen werden. Demzufolge würde eine solche Heraufsetzung des Höchstgewichts sich im Regelungsbereich des „Paketdienstes" bewegen und als organisationstechnische Regelung keine Fragen der verfassungsrechtlichen Zulässigkeit aufwerfen. Ein Höchstgewicht von 200 kg würde jedoch die Qualität des Versendungsgutes verändern. Von einem „Paket" im herkömmlicherweise verstandenen Sinne könnte keine Rede mehr sein[103]. Die Bundespost würde in die Dimension des Speditionsgewerbes einrücken. Auch wäre eine Neuabgrenzung der Transportaufgaben zwischen den beiden großen Bundesverkehrsanstalten Deutsche Bundesbahn und Deutsche Bundespost notwendig, die der gesetzlichen Regelung bedürfte.

Aber auch der parlamentarische Gesetzgeber stünde vor der Frage, ob er eine solche Regelung unter dem Kompetenztitel des Art. 73 Nr. 7 GG („Postwesen") treffen könnte. Insoweit ist festzuhalten, daß die Behältersendung, wenn sie aus dem „Paketdienst" herausfällt, sich als Einführung eines neuen Dienstzweiges darstellen würde. Die verfassungsrechtliche Zulässigkeit eines solchen neuen Dienstzweiges wäre unter dem Gesichtspunkt des Transport- und Übermittlungseffektes unproblematisch. Gleichwohl stellen sich Zweifel ein, die bereits an früherer Stelle angedeutet worden sind. Solche Zweifel rühren daher, daß als charakteristisch für das „Postwesen" im herkömmlichen Sinne nicht nur der Transport- und Übermittlungseffekt der postalischen Aufgaben angesehen werden kann, sondern als weiteres Charakteristikum hinzutritt, daß die Beförderung von Gütern sich auf „Kleingüter" beschränkt[104]. Der Transport „großer Güter" gehört nicht zum bisherigen Erscheinungsbild des „Postwesens".

Damit ist jedoch noch keineswegs gesagt, daß er a limine aus dem Sachbereich des „Postwesens" auszuscheiden hätte. Verfassungsrechtlich entscheidend dürfte sein, mit welchen Zusatzkriterien man den Kompetenzbegriff des „Postwesens" konkretisieren und ausprägen und auf diese Weise anwendungsbereit machen kann. Diese Ungewißheit bleibt bis zu einer im Konfliktsfalle einzuholenden Entscheidung des Bundesverfassungsgerichts bestehen. Bis dahin lassen sich nur partiell verifizierbare Prognosen über eine Entscheidung des Bundesverfassungsgerichts als der Instanz, die nach unserer Verfassungsordnung letztverbindlich das Grundgesetz auslegt und Zweifelsfragen „entscheidet", anstellen. In einem Konfliktsfalle hätte das Gericht bei der Auslegung des verfassungsgerichtlichen Begriffs des „Postwesens" ge-

---

[103] Vgl. zur Geschichte des Paketdienstes und zum Paket-Begriff: *Schwarz*, Stichwort „Pakete", in: Handwörterbuch des Postwesens, 1927, S. 397.
[104] Vgl. *Schwarz*, in: Handwörterbuch des Postwesens, 1927, S. 397.

gebenenfalls über die Frage zu entscheiden, ob eine durch förmliches parlamentsbeschlossenes Gesetz vorgenommene Geschäftsausweitung der DBP — eine entsprechende Ausweitung durch den Verordnungsgeber scheidet aus[105] — zulässig ist oder nicht. Jede durch Zusatzkriterien vorgenommene Einengung des Begriffs des „Postwesens" würde die Entscheidungs- und Dispositionsfreiheit des Parlamentes einengen. Deshalb dürfte zu erwarten sein, daß das Gericht allenfalls eine Regelung in Zweifel stellen wird, die die Behältersendung schlechthin als Vehikel einsetzt, um in das Speditionsgewerbe vorzudringen. Findet demgegenüber lediglich eine *partielle Aufgabenverlagerung von der Deutschen Bundesbahn zur DBP* statt und/oder hält sich die Behältersendungsregelung in Grenzen, die sie ungeachtet des Höchstgewichtes einzelner Sendungen im wesentlichen als eine zeitgerechte und der Transportrationalisierung dienliche Maßnahme erscheinen lassen, so wird man sich kaum vorstellen können, daß eine solche Regelung nicht vor einer Verfassungsprüfung Bestand haben würde.

Insgesamt betrachtet wird man also die verfassungsrechtliche Zulässigkeit von Behältersendungen differenziert sehen müssen. Bleibt es bei dem bisherigen Höchstgewicht der Einzelsendung, taucht kein verfassungsrechtliches Problem auf. Wird die Höchstgewichtsgrenze von Einzelsendungen in dem Maße erhöht, daß sie aus der Dimension des Paketdienstes herauswächst und zu einem eigenen Dienstleistungszweig der DBP avanciert, kommt es auf die Ausgestaltung im einzelnen an, ob verfassungsrechtliche Bedenken zu erheben sind oder nicht.

dd) Annahme und Auslieferung von Reisegepäck und Expreßgut der Deutschen Bundesbahn

Das vorstehende Projekt geht davon aus, daß sich die Deutsche Bundesbahn künftig aus der Fläche zurückziehen wird. Im Zuge dieses Vorgangs müssen in zunehmendem Maße die Abfertigungsbefugnisse von Personentarifpunkten für Reisegepäck aufgegeben werden. Dies hat zur Folge, daß an diesen Stellen Reisegepäck nicht aufgegeben oder entgegengenommen werden kann. Die dadurch entstehende Beförderungslücke kann die DBP mit ihrem verzweigten Dienststellennetz ausfüllen, ohne eine neue Organisation aufbauen zu müssen. Die DBP würde also in den Bereichen, in denen sich die Deutsche Bundesbahn zurückzieht, die Annahme und Auslieferung des Reisegepäcks übernehmen, während die Beförderung in das Zielgebiet Aufgabe der Deutschen Bundesbahn bleibt. Die Übergabe und Übernahme des Reisegepäcks durch die Deutsche Bundesbahn würde jeweils beim nächstgelegenen Bahnhof mit Abfertigungsbefugnis liegen. Ähnliches gilt für den Transport von Expreßgut.

---

[105] Vgl. Näheres unten sub e) dd).

6. Erweiterung des Bereichs des „Postwesens"

Vorweg sei bemerkt, daß — je nachdem wie man es sieht oder wie es geplant ist — eine solche „Aufgabenwanderung" von der Deutschen Bundesbahn zur DBP oder „Aufgabenerfüllungshilfe" der DBP gegenüber der Deutschen Bundesbahn *im Ergebnis* unproblematisch sein dürfte. Die Frage ist nur, wie man das Projekt rechtlich einzuordnen und zu organisieren hat. An dieser Stelle geht es zunächst nur um die Frage, ob eine entsprechende Zuständigkeitserweiterung der DBP unter dem Kompetenztitel des „Postwesens" vorgenommen werden könnte.

Insoweit ist an die soeben zur Behältersendung vorgeführte Problemerörterung anzuknüpfen. Reisegepäck und Expreßgut der Deutschen Bundesbahn gehören nicht zu dem Typ von Transportgütern, die herkömmlicherweise von der DBP befördert worden sind. Insbesondere scheidet eine Zuordnung zum Paketdienst aus, weil die genannten Transportgüter zum großen Teil das für den Paketdienst typische Höchstgewichtslimit überschreiten werden. Eine formalgesetzliche Neudefinition des „Paketdienstes", die auch Beförderungsvorgänge der hier in Betracht stehenden Art umgreift, stößt an die Grenzen der Interpretation des verfassungsrechtlichen Begriffs des „Postwesens" durch den einfachen Gesetzgeber. Der Sachbereich des Postwesens wird durch das Herkommen bestimmt. Erweiterungen sind nur legitimiert, wenn sie sich als notwendige Ergänzungen der herkömmlichen Dienstzweige darstellen. Solche Erweiterungen resultieren aus der Aufgabenstellung dieser Dienstzweige selbst oder aus einer Veränderung der Beförderungstechnik oder sonstiger Wandlungen, auf die die DBP im Interesse der wirksamen Aufgabenerfüllung reagieren können muß. Im vorliegenden Falle liegt jedoch eine solche „notwendige Ergänzung" eines herkömmlichen Dienstzweiges nicht vor. Vielmehr resultiert das Erweiterungsprojekt aus der Verkehrspolitik der Deutschen Bundesbahn, also aus einem Umstand, der außerhalb der bisherigen Aufgabenstellung der DBP liegt. Die Übernahme von Teilaufgaben der Deutschen Bundesbahn ist keine „notwendige Ergänzung" eines herkömmlichen Dienstzweiges der DBP.

Die Beförderungslücke, die entsteht, wenn und soweit sich die Deutsche Bundesbahn aus der Fläche zurückzieht, kann rechtlich gesehen auf zweierlei Weise durch die DBP ausgefüllt werden. Zum einen in der Weise, daß die DBP der Deutschen Bundesbahn *„Erfüllungshilfe"* leistet. Dies würde bedeuten, daß es bei der bisherigen Kompetenzaufteilung zwischen DBP und Deutscher Bundesbahn bleibt. Auch die Annahme und Auslieferung von Reisegepäck und Expreßgut bleibt Bestandteil des Aufgabenkataloges der Deutschen Bundesbahn. Die DBP wird lediglich „im Auftrage der Deutschen Bundesbahn" tätig. Das Verhältnis beider Bundesverkehrsanstalten zueinander würde durch das verwaltungsrechtliche Institut des *Mandates* umschrieben[106].

IV. Der verfassungsrechtlich umgrenzte Bereich des „Postwesens"

Im Gegensatz zur Delegation bewirkt das Mandat keine Zuständigkeitsveränderung. Vielmehr bedeutet Mandat die auftragsweise Wahrnehmung *fremder* Kompetenzen in *fremdem* Namen. „Die vom Mandatar getroffene Maßnahme gilt als Maßnahme des Mandanten als des eigentlichen Inhabers der Zuständigkeit[107]." Daraus folgt, daß beim Mandat die „beauftragende" Funktionsstelle ohne Rücksicht auf ihre sonstige organisatorische Zuordnung zu der beauftragten Verwaltungsstelle berechtigt ist, im Rahmen des Mandates Anweisungen zu erteilen[108]. Die von der DBP verfolgte Absicht, bei der Übernahme von Aufgaben der Deutschen Bundesbahn möglichst die eigene Organisations- und Dispositionsgewalt zu erhalten, würde sich demzufolge beim Mandat möglicherweise schwer verwirklichen lassen. Desgleichen ergäben sich Probleme der Rechtsform bei der Aufgabenerfüllung. Denn während die Nutzung der DBP öffentlich-rechtlich ausgestaltet ist, bietet die Deutsche Bundesbahn ihre Leistungen auf privatrechtlicher Basis an. Wenn deshalb die DBP die Annahme und Auslieferung von Reisegepäck und Expreßgut, welches von der Deutschen Bundesbahn aufgrund eines privatrechtlichen Beförderungsvertrages transportiert wird, übernähme, könnte die DBP aus dieser Rechtsform des Handelns nicht ohne weiteres in eine öffentlich-rechtliche Nutzungsform überwechseln. Dadurch entstünde bei identischer Organisation und bei identischem Personal ein nach außen nur schwer erkennbarer Dualismus in den Rechtsformen des postalischen Handelns.

Die zweite Möglichkeit einer rechtlichen Einordnung besteht darin, daß die Annahme und Auslieferung von Reisegepäck und Expreßgut der Deutschen Bundesbahn der DBP als *eigene* Aufgabe und Kompetenz zugewiesen wird, wobei die Frage der Übertragungsform noch einer besonderen Betrachtung bedarf. In diesem Falle würde sich diese Aufgabenerfüllung darstellen als Bestandteil der „sonstigen Hoheitsverwaltung des Bundes außerhalb des Post- und Fernmeldewesens". Da es sich — wie bei der Deutschen Bundesbahn — unbestritten um *hoheitliche* Tätigkeit handelt[109], besteht kein Hindernis, die Erfüllung dieser Aufgabe durch die DBP in *öffentlich-rechtlicher* Form auszugestalten; diese Form der Leistungsdarbietung wäre überdies die angemessene.

Praktisch würde die zweite Lösung eine Aufgabensubstitution zwischen den beiden größten deutschen Bundesverkehrsanstalten bedeu-

---

[106] Vgl. zum Mandat: *Ossenbühl*, Verwaltungsvorschriften und Grundgesetz, 1968, S. 441; *Schenke*, Delegation und Mandat im Öffentlichen Recht, VerwArch 68 (1977), 118 ff., 148 ff.

[107] *Wolff / Bachof*, Verwaltungsrecht II, 4. Aufl. 1976, § 72 IV b) 5.

[108] Vgl. *Ossenbühl*, Verwaltungsvorschriften und Grundgesetz, 1968, S. 441.

[109] Vgl. z. B. *Walter Schmidt*, Bundespost und Bundesbahn als Aufgaben der Leistungsverwaltung, NJW 1964, 2390 ff.

ten. Da beide Bundesverkehrsanstalten sich als Zweige der einheitlichen Bundeshoheitsverwaltung darstellen, für die der Bund eine grundgesetzlich abgesicherte Verwaltungskompetenz hat (Art. 87 Abs. 1 GG) und ferner sowohl das „Postwesen" (Art. 73 Nr. 7 GG) wie auch „Bundeseisenbahnen" (Art. 73 Nr. 6 GG) in der ausschließenden Gesetzgebungskompetenz des Bundes liegen, stünden einer Aufgabenverlagerung von der Deutschen Bundesbahn auf die DBP in der vorgesehenen Weise durch förmliches Bundesgesetz keinerlei Hindernisse im Wege. Ob eine solche Aufgabenverlagerung auch auf andere Weise möglich ist, bedarf noch der näheren Betrachtung[110].

ee) Erweiterung der Postbankdienste — Übersicht

Nach den vorliegenden Erwägungen sollen die Postbankdienste auf folgende Tätigkeiten ausgedehnt werden:

— Verkauf von Bundesschatzbriefen,
— Verkauf von effektiven Devisen (Sorten) bei großen Postämtern, Flughafen- und Bahnhofspostämtern,
— Gewährung von banküblichen Dispositionskrediten durch die Postscheckämter für die Teilnehmer am Gehaltskontenverfahren der DBP (Begrenzung zunächst auf 2 000,— DM, später evtl. als Maximum zwei Brutto-Monatsgehälter),
— Eröffnung angemessener Überziehungsmöglichkeiten (entsprechend den Bankusancen bis zu zwei Monatsgehältern) im Postscheckverkehr,
— Einstieg der Postscheckämter in bankübliche Aktivgeschäfte (Kredit-, Wertpapier- und Depotgeschäfte),
— Bereitstellung von Programmpaketen für Postscheckkunden (z. B. Führung der Mitgliederkartei eines Vereins zum Zwecke des Einzugs der Beiträge oder Berechnung der Löhne und Gehälter für die Arbeitnehmer eines Betriebs mit anschließender Überweisung der Bezüge unter gleichzeitiger Abführung der Lohnsteuern, Versicherungsbeiträge usw.),
— Gewährung von Krediten im Postsparkassendienst, namentlich an die Postsparer,
— Ausgabe von Postsparbriefen und Wertpapieren sowie Anlage von Termingeldern im Postsparkassendienst, um Sparern mit höheren Spareinlagen günstigere Konditionen zu bieten.

Die folgenden Überlegungen sollen der Frage nachgehen, wie die vorstehenden Erweiterungspläne unter rechtlichen Gesichtspunkten zu

---

[110] Vgl. unten sub V.

würdigen sind. Hierbei werden die ökonomischen Folgen und Bewertungen mitbedacht werden müssen, aber Nachrang haben[111]. Für eine juristische Betrachtung läßt sich der vorgenannte Katalog von Erweiterungsprojekten in vier Gruppen einteilen, die nacheinander einer rechtlichen Beurteilung unterzogen werden sollen:

Erstens geht es um die *entgeltliche Indienststellung des Verwaltungspotentials der DBP für private Zwecke.* Dazu gehört die Bereitstellung von Programmpaketen für Postscheckkunden.

Zweitens geht es zum Zwecke der Anpassung an moderne Sparbedürfnisse um den *Ausbau und die Modifizierung des Postsparens.* Dazu gehört die Ausgabe von Postsparbriefen und Wertpapieren sowie die Anlage von Termingeldern.

Drittens ist zum Teil eine *konkurrenzabwehrende Erhaltung des status quo der herkömmlichen Postdienste* beabsichtigt. Hierher wird man die Gewährung von Dispositionskrediten und die Einräumung von Überziehungsmöglichkeiten im Postscheckverkehr rechnen können.

Viertens geht es schließlich um den *offenen Einstieg in die banküblichen Aktivgeschäfte,* insbesondere das Kreditgeschäft, den Verkauf von Bundesschatzbriefen, effektiver Devisen und Wertpapiere.

ff) Insbesondere: Entgeltliche Indienststellung des Verwaltungspotentials der DBP für private Zwecke

Die unter dem vorstehenden Thema ins Auge gefaßte Bereitstellung von Programmpaketen für Postscheckkunden bereitet im vorliegenden Problemzusammenhang keine Schwierigkeiten. Die erwogenen Aktivitäten gehen ersichtlich über das hinaus, was man gemeinhin als „Kundendienst" qualifizieren könnte. Ein solcher Kundendienst, der üblicherweise kostenlos gewährt wird, liegt auch nicht in den Intentionen des Projekts der Programmpakete. Vielmehr will die DBP mit dieser Aktivität ihr Verwaltungspotential gewinnbringend einsetzen. Was geplant ist, stellt sich nicht als Teil des Postscheckdienstes im herkömmlichen Sinne dar, sondern als eine Tätigkeit, die dem privaten resp. erwerbswirtschaftlichen Bereich zuzurechnen ist. Die Bereitstellung von Programmpaketen kann deshalb nicht als Agende des „Postwesens" im Sinne des Grundgesetzes qualifiziert werden; sie ist vielmehr dem Wirkungskreis der erwerbswirtschaftlichen Betätigung zuzurechnen und auch dort zu behandeln[112].

---

[111] Vgl. zu den ökonomischen Problemen und Bewertungen einer Erweiterung der Postbankdienste die grundsätzliche Untersuchung von *Oswald Hahn,* Die Postbank. Ihre Stellung in der Bankwirtschaft, 1978.
[112] Vgl. dazu unten sub IV.

6. Erweiterung des Bereichs des „Postwesens"

gg) Insbesondere: Ausbau und Modifizierung des Postsparens

Erwogen wird, den bisherigen Postsparverkehr durch neue Formen des Sparens auszuweiten. In Betracht kommen die Ausgabe von Sparbriefen, das Wertpapiersparen und die Anlage von Termingeldern.

Diese Formen gehen über den im Postsparkassendienst bisher geltenden Sparbegriff hinaus. Für den Postsparverkehr gilt nach § 2 Abs. 2 KWG die Spardefinition des § 21 KWG. Nach dieser Gesetzesvorschrift dürfen als Spareinlagen nur Geldbeträge angenommen werden, „die als Ansammlung oder Anlage von Vermögen dienen". Diese Bestimmung wird in § 1 Abs. 2 Satz 2 Postsparkassenordnung wörtlich wiederholt. In § 21 Abs. 2 KWG werden sodann noch einige Negativabgrenzungen vorgenommen. Danach scheiden als Spareinlagen aus

— Geldbeträge, die zur Verwendung im Geschäftsbetrieb oder für den Zahlungsverkehr bestimmt sind,

— Geldbeträge, die von vornherein befristet angenommen werden.

Charakteristisch ist ferner, daß der Sparverkehr über Sparkonten abgewickelt wird und die Spareinlagen einer gesetzlichen Kündigungsfrist unterliegen (§ 22 KWG, § 12 Postsparkassenordnung).

Von der geltenden gesetzlichen Ausprägung des Sparbegriffs als Kontensparen mit gesetzlicher Kündigungsfrist sind die oben umrissenen Formen des Sparens, deren Einführung erwogen wird, nicht umfaßt. Ihre Einführung wäre nur durch eine Gesetzesänderung möglich. Die Frage ist, ob ein solches Gesetz, das den Sparbegriff erweitern müßte, unter dem Kompetenztitel des „Postwesens" im Sinne des Art. 73 Nr. 7 GG erlassen werden könnte. Diese Frage könnte nur dann bejaht werden, wenn die ins Auge gefaßten neuen Formen des Sparens sich (noch) als Betätigungsvarianten begreifen ließen, die dem herkömmlichen Dienstzweig des Postsparverkehrs inhaltlich zugeordnet werden können. Entscheidend ist mit anderen Worten, ob der Begriff des „Postsparens" in der gegenwärtig geltenden Verengung historisch zementiert ist oder ob es dem Gesetzgeber ermöglicht wird, den Sparbegriff entsprechend sich wandelnden Umständen und neu ergebenden Bedürfnissen neu zu formulieren, insbesondere auch auszuweiten.

Wie bereits früher dargetan, sind erforderliche Ergänzungen der herkömmlichen Dienstzweige durch den Kompetenztitel des „Postwesens" abgedeckt. Was „erforderlich" ist, wird man dabei weitestgehend dem legislativen Ermessen anheimstellen müssen. Eine Erweiterung kann jedoch nicht aus rein fiskalischen Erwägungen vorgenommen werden. „Erforderlichkeit" ist vielmehr nur gegeben, wenn sich ein neues oder gewandeltes öffentliches Bedürfnis einstellt, das es zu befriedigen gilt, oder wenn die Erweiterung eines Dienstzweiges "erforderlich" ist, um gegenüber den privaten Kreditinstituten im Sparwettbewerb bestehen zu können und für die Staatsaufgabe des (Klein-)Sparverkehrs weiterhin funktionsfähig zu bleiben. Bei allen in diesem Zusammenhang anzustellenden Erwägungen und Abwägungen wird man im Auge behalten müssen, daß der Postsparkassendienst zu den „nichttypischen Teilen der Post"[113] zählt, erst verhältnismäßig spät als Dienstleistungszweig begründet worden ist, seine Durchsetzung letztlich nach dem Anschluß Österreichs an Deutschland der Notwendigkeit einer reichseinheitlichen Lösung verdankt[114] und deshalb seine Zugehörigkeit zum „Postwesen" nur mit dem Herkommen begründet werden kann. Einer Ausweitung des Postsparverkehrs wird man unter diesen Umständen mit besonderer Behutsamkeit nähertreten müssen.

Der Postspardienst als staatliche Aufgabe wird motiviert und gerechtfertigt als Ergänzung zu dem öffentlichen Auftrag der Förderung des Sparverkehrs, der bislang von den kommunalen Sparkassen und den genossenschaftlichen Sparkassen erfüllt worden ist. Ferner stand als rechtfertigender Gedanke die Freizügigkeit des Postsparverkehrs im Vordergrund. — Diese Motivation und Rechtfertigung hat den Postsparkassendienst von Anfang an bis in die Gegenwart geprägt[114a]. Die Postsparkasse verfügt nach wie vor über das dichteste Niederlassungsnetz und weist gegenüber den Universalbanken erhebliche Vorteile hinsichtlich der Schalteröffnungszeiten und Freizügigkeit auf. Charakteristisch für die Postsparkasse ist das Kleingeschäft mit relativ niedrigen Durchschnittsguthaben je Konto. „Innerhalb der Universalbanken weisen die Sparkassen traditionell den niedrigsten Durchschnittsbetrag je Sparkonto auf. Das durchschnittliche Guthaben je Sparkassenbuch ist jedoch drei- bis viermal höher als der durchschnittliche Bestand auf einem Postsparkonto." Schließlich sind die Postspareinlagen durch eine hohe Umschlagsgeschwindigkeit und eine kurze Lebensdauer charakterisiert. Trotz eingetretener Wandlungen zur „Längerfristigkeit" hat das Postsparbuch nach wie vor den Charakter einer drittverwahrenden „Barkasse"[115]. Aus ökonomischer Sicht erfüllt die Postsparkasse im Bankgewerbe zum einen die Funktion eines institutionellen Trägers des „Kleinsparens", wobei die Postsparkasse das Siebenfache ihres sonstigen Marktanteils verzeichnen kann,

---

[113] *BVerwGE* 28, 36 (46).
[114] Vgl. *Heinz Mehle*, 25 Jahre Postsparkasse in Deutschland, in: Zeitschrift für das Post- und Fernmeldewesen, 1963, 921; *H. Schäfer*, 25 Jahre Postsparkassendienst in Deutschland, in: Jahrbuch des Postwesens 1963, 239.
[114a] Vgl. dazu und zum folgenden: *Oswald Hahn*, Die Postbank, 1978, S. 142 ff.
[115] So das Ergebnis der Untersuchungen von *Oswald Hahn* (FN 114a), S. 143; vgl. schon *Bodendiek*, „Im Dienst für 15 Millionen", in: Der Volkswirt 1969, S. 43 f. („eine Art Liquiditätshilfe").

zum andern die Entlastung der Universalbanken im Mengengeschäft, die ihnen die Schließung unrentabler Zweigstellen erlaubt[116].

Ist damit die Legitimation des Postsparkassendienstes offenbar unproblematisch, so wäre es nicht folgerichtig, wollte man dem Postsparkassendienst verwehren, von neuen Sparformen, die sich im allgemeinen Sparverkehr herausgebildet haben und dem Bedürfnis des Publikums entsprechen, Gebrauch zu machen. Die Anpassung an neue Sparformen bedeutet nicht, jedenfalls nicht prinzipiell, auch eine Erweiterung des mit dem Postsparkassendienst verbundenen postalischen Aufgabenbereichs, so daß sich das Problem einer Kompetenzausweitung nicht stellt.

hh) Insbesondere konkurrenzabwehrende Erhaltung der herkömmlichen Postdienste

Beabsichtigt ist für den Postscheckverkehr, die Möglichkeit der Einräumung von Dispositionskrediten einzuführen. § 1 Abs. 2 der Postscheckordnung definiert den Postscheckdienst als „bargeldlose und halbbare Übermittlung von Geldbeträgen". Gemäß § 12 Abs. 1 Satz 1 der Postscheckordnung werden Aufträge des Postscheckteilnehmers (nur) ausgeführt, wenn das verfügbare Guthaben ausreicht. Allerdings kann das Postscheckamt Aufträge auch dann ausführen, wenn das Postscheckkonto dadurch bis zu einem bestimmten Betrag überzogen wird (§ 12 Abs. 1 Satz 2 PostSchG). Dieser Betrag ist durch Ausführungsbestimmung vom 27. 12. 1974 auf 300,— DM festgesetzt. Die Überziehungsmöglichkeit hat keinen Kreditcharakter. Sie ist eingeführt worden, um einen vergleichsweise hohen Mehraufwand infolge der notwendigen Zurücksendung „deckungsloser" Aufträge zu vermeiden[117]. Die Einführung von Überziehungsmöglichkeiten im bisherigen Umfang beruht also auf Gründen der Rationalisierung des Zahlungsverkehrs und der Kostenersparnis. Ihre verfassungsrechtliche Zulässigkeit kann deshalb nicht in Zweifel gezogen werden[118].

Die bisherigen Überziehungsmöglichkeiten werden angesichts der veränderten Erwartungen der Kunden im Giroverkehr nicht mehr als ausreichend angesehen. Zur „Erhaltung der Funktionsfähigkeit" des Postscheckdienstes wird eine flexiblere Gestaltung der Überziehungsmöglichkeiten angestrebt, die in Anlehnung an die banküblichen Kreditierungen von bis zu zwei Monatsgehältern ausgedehnt werden soll. Eine solche Maßnahme wird als notwendig angesehen, um den Markt-

---

[116] Vgl. *Oswald Hahn* (FN 114a), S. 145.
[117] Vgl. *Oswald Hahn* (FN 114a), S. 102.
[118] Vgl. auch *Frowein*, Rechtsgutachten zur verfassungsrechtlichen Zulässigkeit des Kostenausgleichs zwischen verschiedenen Diensten der Bundespost usw., 1971, S. 43 (unveröffentlicht).

IV. Der verfassungsrechtlich umgrenzte Bereich des „Postwesens"

anteil zu halten und nicht so viel an Boden zu verlieren, daß die Erfüllung des öffentlichen Auftrags in Frage gestellt wird. Mit der Einräumung von Überziehungsmöglichkeiten bis zu zwei Monatsgehältern würde die bisherige Praxis des Postscheckdienstes qualitativ umgestaltet. Der bislang legitimierende Grund der Rationalisierung des Postscheckverkehrs entfiele. An die Stelle der Vereinfachung des Zahlungsverkehrs träte der Einstieg der DBP in das Kleinkreditgeschäft.

Nach den vorliegenden Stellungnahmen im Schrifttum wird dieser Einstieg ins Kreditgeschäft dezidiert abgelehnt[119]. Der Verfassungsbegriff des „Post- und Fernmeldewesens" umfasse nicht das Kreditgeschäft. Deshalb, so schreibt *Rupp*, bedürfe der Gesetzgeber einer verfassungsrechtlichen Legitimation, „wenn es um Grenzveränderungen im Bereich staatlicher Machtentfaltung einerseits und grundrechtlich abgesicherter Individualfreiheit andererseits" gehe. Jede (!) Grenzveränderung erschüttere das grundgesetzlich stabilisierte Balancement von privater Wirtschaftsfreiheit und staatlichen Funktionsbereichen und verändere es eindeutig zugunsten einer alle Verfassungskautelen unterlaufenden Staatswirtschaft. Daraus folge eine „Sperrfunktion" für eine etwaige künftige Expansion der Bundespost schlechthin[120].

Diese Stellungnahme *Rupps* vermengt zwei unterschiedliche verfassungsrechtliche Fragen und erscheint in ihrer Starrheit überzogen und unhaltbar. Zunächst einmal werden einerseits die *Kompetenz*frage, die nach Art. 73 Nr. 7 GG zu beurteilen ist, und die Frage der *Legitimation* einer gesetzgeberischen Entscheidung, die insbesondere an den Grundrechtsvorschriften zu messen ist, nicht mit der erforderlichen Schärfe voneinander getrennt. Kompetenz und Legitimation des Gesetzgebers sind trotz bestehender Verbindungslinien zwischen Zuständigkeitsnormen und Grundrechtsnormen der Verfassung zweierlei. Im vorliegenden Zusammenhang geht es nur um die Kompetenzfrage. Sie wird von *Rupp* dahin beantwortet, daß das Kreditgeschäft nicht zum herkömmlichen Repertoire des Wirkungskreises der Bundespost gehört. Dies ist richtig, schließt aber nicht ohne weiteres aus, daß es im Wege der Erweiterung des Aufgabenkreises der DBP eingeführt werden kann. Hierfür verlangt *Rupp* mit Recht eine „verfassungsrechtliche Legitimation". Mit dieser Wendung und dem Hinweis auf das „Balancement von privater Wirtschaft und staatlichen Funktionsbereichen" gleitet seine Argumentation ab in die materielle verfassungsrechtliche Be-

---

[119] Vgl. *Hans Heinrich Rupp*, Verfassungsrechtliche Aspekte der Postgebühren und des Wettbewerbs der Deutschen Bundespost mit den Kreditinstituten, 1971, S. 26 ff.; ihm folgend: *Oswald Hahn*, Die Postbank, 1978, S. 99 (der allerdings eine Erweiterung durch Gesetz zulassen will, also die verfassungsrechtliche Dimension der Fragestellung nicht sieht); vgl. ferner *Frowein*, Rechtsgutachten (FN 118).

[120] Vgl. *Rupp* (FN 119), S. 29 f.

trachtung eines gesetzlich eröffneten Einstiegs in das Kreditgeschäft. Doch dies ist erst der zweite Schritt einer verfassungsrechtlichen Prüfung. Wenn sich das Kreditgeschäft in keiner Form und unter keinen Umständen dem Sachbereich „Postwesen" zuordnen läßt, kann es auch nicht als Agende des „Postscheckdienstes" unter dem Kompetenztitel des „Postwesens" qualifiziert werden. Unbeschadet anderer Kompetenzgrundlagen wäre dann jedenfalls die Zugehörigkeit zum „Postwesen" endgültig und negativ beantwortet. In diesem Sinne hat sich *Frowein* geäußert, der die Einführung des Kreditgeschäfts im „Postwesen" nur durch eine Verfassungsänderung für möglich hält[121]. Nach den bisher vorliegenden, durch Interpretation des Art. 73 Nr. 7 GG in früherem Zusammenhang gewonnenen Erkenntnissen ist die vorgenannte Position von *Rupp* und *Frowein* im Grundsatz gewiß nicht zu bestreiten. Andererseits bleibt jedoch zu erwägen, ob nicht eine Sachgestaltung denkbar ist, die schon unter den gegenwärtigen verfassungsrechtlichen Verhältnissen eine gegenüber der geltenden Rechtslage erweiterte Einräumung von Überziehungskrediten im Postscheckverkehr ermöglicht. Dazu sei folgendes bemerkt.

Der Postscheckdienst als herkömmlicher, wenn auch als „nicht-typischer Teil der Post" apostrophierter Dienstleistungszweig, dient der Erfüllung einer staatlichen Aufgabe. Die Funktion und Legitimation des Postgiroverkehrs auch in der Gegenwart wird nicht angezweifelt[122]. Es ist deshalb Aufgabe des Staates, genauer gesagt: des Gesetzgebers, den Postgirodienst funktionsfähig zu halten. Deshalb gehören zum Bereich des Postscheckdienstes *thematisch* prinzipiell jene gesetzlichen Regelungen, die der Aufrechterhaltung und Funktionsfähigkeit des Postscheckdienstes dienen. Wenn sich aufgrund einer empirischen Erhebung erweisen sollte, daß nach einer rational begründeten Prognose die Nichteinführung eines erweiterten Überziehungskredits den Postscheckdienst nicht nur schrumpfen läßt, sondern funktionsunfähig macht, obgleich sein Fortbestehen einem allgemeinen Bedürfnis entspricht, so kann kein Zweifel bestehen, daß der Gesetzgeber unter solchen eng zu verstehenden Voraussetzungen vorsichtig bemessene Erhaltungsmaßregeln erlassen kann, die unter dem Kompetenztitel des „Postwesens" möglich sind. Maß und Umfang solcher Erhaltungsmaßregeln, die zu Lasten des konkurrierenden Kreditgewerbes gehen können, richten sich insbesondere nach dem Grundsatz der Verhältnismäßigkeit.

---

[121] *Frowein*, Rechtsgutachten (FN 118), S. 42.
[122] Vgl. *Oswald Hahn*, Die Postbank, 1978, S. 159.

IV. Der verfassungsrechtlich umgrenzte Bereich des „Postwesens"

ii) Insbesondere offener Einstieg in die banküblichen Aktivgeschäfte

Nach dem bisher Gesagten kann die Frage der Ausweitung des postalischen Wirkungskreises auf die banküblichen Aktivgeschäfte in wenigen Sätzen behandelt werden. Bankübliche Aktivgeschäfte gehören nicht zum herkömmlichen Funktionskreis der Post. Sie lassen sich, wie die bisherigen Ausführungen gezeigt haben, auch nicht als Elemente des Postscheckdienstes oder des Postsparkassendienstes begreifen. Der Postsparkassendienst war von jeher auf das Einlagengeschäft beschränkt. Mit dieser Beschränkung ist der Postsparverkehr kraft Herkommens Element des Kompetenzbereichs „Postwesen" im Sinne des Art. 73 Nr. 7 GG geworden. Die Übernahme von banküblichen Aktivgeschäften bedeutet deshalb eine Überschreitung des „Postwesens" im Sinne des Art. 73 Nr. 7 GG.

Damit ist noch nicht gesagt, daß bankübliche Geschäfte unter keinen denkbaren Gesichtspunkten vom Bund übernommen werden können. Fest steht nur, daß sie nicht als Bestandteile des „Postwesens" zum verfassungsrechtlich fixierten Wirkungskreis der „Bundespost" im Sinne des Art. 87 Abs. 1 GG gehören[123].

d) Grenzen der Erweiterung durch Grundrechtsgarantien

Soweit Erweiterungen des Wirkungskreises der DBP unter dem Kompetenztitel „Postwesen" in Betracht kommen, taucht des weiteren die Frage auf, inwieweit solche Kompetenzanreicherungen auf Begrenzungen stoßen, die sich aus den Grundrechtsgarantien der Verfassung ergeben. Diese Fragestellung führt in einen Problembereich, der bis heute zahlreiche ungelöste Konflikte in sich birgt und kontroverse Stellungnahmen hervorgerufen hat. Es geht letztlich um die grundlegende und ewige Frage nach der Abgrenzung des staatlichen Wirkungskreises vom Bereich freier privater Initiative.

Im einschlägigen Schrifttum und in der Rechtsprechung ist diese Frage namentlich am Beispiel der staatlichen Verwaltungsmonopole erörtert worden[124]. Ob und inwieweit monopolistische staatliche Akti-

---

[123] Ebenso *Rupp*, Verfassungsrechtliche Aspekte der Postgebühren und des Wettbewerbs der Deutschen Bundespost mit den Kreditinstituten, 1971; *Frowein*, Rechtsgutachten zur verfassungsrechtlichen Zulässigkeit des Kostenausgleichs zwischen verschiedenen Diensten der Bundespost usw., 1971.

[124] Vgl. BVerfGE 14, 105 (Finanzmonopole); 21, 245 (Arbeitsvermittlungsmonopole); 41, 205 (Badische Gebäudeversicherung); aus dem Schrifttum: *Bettermann*, Die Verfassungsmäßigkeit von Versicherungszwang und Versicherungsmonopolen öffentlich-rechtlicher Anstalten insbesondere bei der Gebäudeversicherung, Wirtschaftsrecht 1973, S. 184 ff., 241 ff.; *Zweigert / Reichert-Facilides*, Verfassungsfragen der Gebäude- und Monopolvers., ZVersWiss 57, 227; *Obermayer / Steiner*, Die Monopole der öffentlichen Sach-

vitäten sich an den Grundrechtsgarantien messen lassen müssen, ist nach wie vor ein weithin ungelöstes Problem. Thematisch betroffen ist namentliche das Grundrecht der Berufsfreiheit (Art. 12 GG), aber auch der Bestandsschutz des Eigentums (Art. 14 GG) und das Grundrecht der allgemeinen Handlungsfreiheit (Art. 2 Abs. 1 GG). Die Stellungnahmen gehen zum Teil extrem auseinander. Einige wollen die Staatsmonopole dem thematischen Bereich der Berufsfreiheit gänzlich entziehen, um auf diese Weise die durch die Drei-Stufen-Prüfung des Bundesverfassungsgerichts ausgelösten Konsequenzen zu vermeiden[125]. Andere wenden die Grundrechtsgarantien ohne Vorbehalte oder doch wenigstens im Grundsatz an[126]. Das Bundesverfassungsgericht steuert einen Mittelkurs, indem es die grundgesetzlichen Vorschriften über Staatsmonopole und Grundrechtsgarantien zur Konkordanz zu bringen versucht[127], ist aber offenkundig, wie neuere Wendungen zeigen[128], durchaus noch nicht endgültig festgelegt.

Der gesamte Streitstand zur Grundrechtsfestigkeit von Staatsmonopolen bedarf keiner detaillierten Betrachtung, denn, soweit Erweiterungen des Wirkungskreises überhaupt in Betracht kommen sollten, liegen sie im Konkurrenzbereich, nicht im Monopolbereich der DBP. Andererseits ist die Monopoldiskussion für die hier gestellte Frage von grundsätzlicher Bedeutung, denn sie ist nur ein — freilich besonders exemplarischer — Ausschnitt aus dem allgemeinen Problemkreis der Abgrenzung zwischen staatlichem Aufgabenkreis und privatem Wirkungsbereich. Dieser Problemkreis ist nicht auf die staatlichen Monopolagenden beschränkt, sondern erstreckt sich vielmehr auch auf den Konkurrenzbereich, in welchem Staat und Private nebeneinander tätig werden; der *eine* hoheitlich in Erfüllung einer staatlichen Aufgabe, der *andere* privat(-rechtlich) in Ausübung einer erlaubten Tätigkeit und regelmäßig eines Berufes. Die insoweit entscheidende und bis heute ungelöste Frage lautet dabei, unter welchen Voraussetzungen der Staat eine Aufgabe zur „staatlichen Aufgabe" erklären und in seinen hoheitlichen Aufgabenkatalog übernehmen kann, um diese Aufgabe entweder monopolistisch oder konkurrierend mit Privaten zu

---

versicherung und das Grundrecht der Berufsfreiheit, NJW 1969, 1457 ff.; *Lerche*, Rundfunkmonopol, 1970, S. 52 ff.; *Steiner*, Öffentliche Verwaltung durch Private, 1976, S. 92 ff.; *Badura*, Der Paketdienst der Deutschen Bundespost, Jahrbuch der Deutschen Bundespost 1977, S. 76 ff. (149 ff.); *Fiedler*, Berufsfreiheit als Schranke der Verwaltungsmonopole, DÖV 1977, 390 ff.

[125] Vgl. etwa *Maunz* bei Maunz / Dürig / Herzog / Scholz, Grundgesetz, Kommentar, Art. 12 Rdnr. 97; *Herzog*, Artikel „Berufsfreiheit", Evgl. Staatslexikon, 1967, Sp. 155 ff. (158).

[126] Vgl. *Fiedler*, Berufsfreiheit als Schranke der Verwaltungsmonopole, DÖV 1977, 390 ff. mit weiteren Nachweisen.

[127] Vgl. zuletzt BVerfGE 41, 205 (218).

[128] Vgl. BVerfGE 46, 120 (136).

IV. Der verfassungsrechtlich umgrenzte Bereich des „Postwesens"

erfüllen. Diese Demarkationslinie staatlicher und privater Zuständigkeiten ist regelmäßig das ständig wechselnde Ergebnis politischen Durchsetzungsvermögens des Staates. Unter der Geltung des Grundgesetzes hingegen ist diese Frage ein Problem der Verfassungsauslegung geworden, die freilich ihrerseits wegen der besonderen politischen Implikationen behutsam angegangen werden muß. Letztlich kristallisiert sich das Auslegungsproblem in der Frage nach der Weite des legislativen Gestaltungsspielraums.

Das Bundesverfassungsgericht hat in seiner Monopol-Rechtsprechung zwar nicht eine beschränkende Geltungskraft der Grundrechte schlechthin abgelehnt, jedoch die Legitimation vorhandener und vor Inkrafttreten der grundgesetzlichen Ordnung angetretener und gleichsam übernommener Staatsmonopole aus entsprechenden Kompetenzbestimmungen des Grundgesetzes, die diese Erbschaft übernehmen, abgeleitet[129]. Insoweit kann auf frühere Darlegungen verwiesen werden[130].

Dieser Ansatz hat auch im vorliegenden Falle seine Gültigkeit. Die Leistungsaufgabe der DBP und damit auch ihre Funktionsfähigkeit nach den Grundsätzen der Gemeinwirtschaftlichkeit ist in Art. 87 Abs. 1 Satz 1 GG als Staatsaufgabe anerkannt[131]. Insoweit bedarf es einer grundsätzlichen Rechtfertigung der überkommenen postalischen Aufgaben als Staatsaufgaben gegenüber privatwirtschaftlichen Agenden heute nicht mehr. Der Grundgesetzgeber hat sie in Anknüpfung an die deutsche Verfassungstradition selbst vorgenommen. Daraus folgt, daß Erweiterungen dieser Staatsaufgabe „Post", die sich im Rahmen des Kompetenztitels „Postwesen" halten, keiner grundrechtlichen Legitimierung mehr bedürfen. Andererseits bedeutet dies nicht, daß die Grundrechte keinerlei beschränkende Kraft mehr zu entfalten vermöchten. Jedoch wird man zu beachten haben, daß hier ein gleichsam überkommener kompetentieller Besitzstand des Staates mit dem freiheitlichen Betätigungsraum des einzelnen ausbalanciert werden muß, wobei diese Balancierung anders aussehen muß, als wenn der Staat gegenwärtig neue Aufgaben an sich zieht, die bislang privater Initiative überlassen waren.

Besondere Gestaltungsfreiheit steht dem Gesetzgeber namentlich dann zu, wenn keine „gezielten" Grundrechtsbeschränkungen getroffen werden, sondern sich die Auswirkungen auf Grundrechtspositionen nur als *mittelbare Beeinträchtigungen* darstellen[132]. Da Erweiterungen des

---

[129] Zur Bedeutung der Unterscheidung zwischen „Antrittssituation" und Folgezeit vgl. *Lerche*, Rundfunkmonopol, 1970, S. 59 unter Hinweis auf ein unveröffentlichtes Rechtsgutachten von Peter Schneider.
[130] Vgl. oben IV. 3.
[131] Vgl. *Badura*, Der Paketdienst der Deutschen Bundespost, Jahrbuch der DBP, 1977, S. 152.
[132] Vgl. BVerfGE 46, 120 (145).

Aufgabenkataloges der DBP, die sich im Rahmen der herkömmlichen Dienstzweige des Konkurrenzbereichs halten, auch weder objektive noch subjektive Zulassungsvoraussetzungen enthalten können, genügen aus grundrechtlicher Sicht für ihre Legitimierung „vernünftige Gründe des Gemeinwohls", so daß sich grundrechtliche Probleme nicht stellen dürften.

e) Form und Verfahren der Erweiterung

aa) Zur Fragestellung

In den folgenden Erörterungen geht es um die Frage, welche Instanz in welchem Verfahren und in welcher Form über eine Erweiterung der Dienstzweige der DBP zu entscheiden hat. In Betracht kommen verschiedene Möglichkeiten: ein verfassungsänderndes oder einfaches förmliches Bundesgesetz, das durch den Bundestag zu beschließen wäre; eine vom Bundesminister für das Post- und Fernmeldewesen nach § 14 PostVerwG zu erlassende Rechtsverordnung; ein Beschluß des Verwaltungsrates der DBP gemäß § 12 Abs. 1 Nr. 5 PostVerwG; eine in Form eines Erlasses (Verwaltungsvorschrift) ergehende Organisationsentscheidung des zuständigen Bundesministers.

bb) Zur Bedeutung des § 12 Abs. 1 Nr. 5 PostVerwG

Befragt man das geltende Gesetzesrecht nach der Kompetenz für die Entscheidung über eine Erweiterung des Aufgabenkataloges der DBP, so scheint § 12 Abs. 1 Nr. 5 PostVerwG hierauf eine klare Antwort zu geben. Diese Vorschrift lautet wie folgt: „Der Verwaltungsrat beschließt ... über die Übernahme neuer, die Änderung oder die Aufgabe bestehender Dienstzweige."

Als Vorlage für die Fassung dieser Gesetzesvorschrift aus dem Jahre 1953 hat § 6 des Reichspostfinanzgesetzes vom 18. März 1924 (RGBl. S. 287) gedient. Dort hieß es: „Der Verwaltungsrat beschließt über ... die Übernahme neuer und die Aufgabe bestehender Geschäftszweige." Diese Vorschrift entsprach offenbar der zeitgenössischen Rechtsauffassung. Sie ist im Handbuch des Deutschen Staatsrechts von *Gerhard Lassar* wie folgt zusammengefaßt: „Der Begriff des Postwesens ist in der Verfassung nicht näher bestimmt. Er umfaßt diejenigen Geschäftszweige, welche der Post als solcher zugewiesen oder von ihr übernommen sind. Ihr Umfang beruht auf den gesetzlichen Bestimmungen und der Verwaltungspraxis[133]." — Bei einer solchen Rechtsauffassung konnte die Vorschrift des § 6 Reichspostfinanzgesetz aus dem Jahre 1924 nicht suspekt erscheinen. Sie befand sich vielmehr in Übereinstimmung mit den geäußerten Rechtsmeinungen.

---

[133] *Lassar*, Die Zuständigkeitsregelung auf dem Gebiet des Verkehrswesens, in: Handbuch des Deutschen Staatsrechts, Erster Band 1930, S. 351.

IV. Der verfassungsrechtlich umgrenzte Bereich des „Postwesens"

Der Bundesgesetzgeber des Jahres 1953 hat insoweit das Reichspostfinanzgesetz schlicht kopiert, ohne verfassungsrechtlich ein anderes Problem zu sehen als die partielle Außerkraftsetzung des Prinzips der Ministerverantwortlichkeit des Art. 65 GG durch die Institutionalisierung des Verwaltungsrates der DBP. Demzufolge ist bei den Gesetzesberatungen auch nur über dieses Problem gesprochen worden[134]. Sowohl in der Weimarer Ära wie auch in den ersten Jahren unter der Geltung des Grundgesetzes sind jedoch zwei verfassungsrechtliche Erkenntnisse resp. Grundprinzipien noch nicht zur Geltung gelangt, die aus heutiger Sicht im Vordergrund verfassungsrechtlicher Auseinandersetzungen stehen, über die im Grundsatz Einigkeit besteht und die gegenüber der Weimarer Verfassung aus gegenwärtiger Sicht sogar ausdrücklich als Fortschritt erachtet werden. Dazu gehört einmal die unter dem topos „Gesetzesvorbehalt" betonte Entscheidungsverantwortung des parlamentarischen Gesetzgebers, die in der Gegenwart insbesondere unter dem Aspekt demokratischer Legitimation gesehen wird[135]. Zum andern ist zu nennen der gegenüber Weimar betonte föderalistische Grundzug des Bonner Grundgesetzes, der namentlich dazu geführt hat, daß die Kompetenzkataloge der Verfassung, die die Staatsgewalt zwischen Bund und Ländern aufteilen, in einem strikten Sinne gesehen und gedeutet werden.

Beide vorgenannten Veränderungen im Verfassungsverständnis lassen es nicht zu, § 6 des Reichspostfinanzgesetzes aus dem Jahre 1924 unter der Geltung des Grundgesetzes einfach zu kopieren. Denn diese Gesetzesvorschrift ist aus gegenwärtiger Sicht mit ihrem ursprünglich gewollten Normgehalt verfassungswidrig und allenfalls unter Anwendung des Gedankens der verfassungskonformen Auslegung partiell aufrechtzuerhalten. — § 12 Abs. 1 Nr. 5 PostVerwG stellt seinem Wortlaut nach die Erweiterung und Beschränkung des Wirkungskreises der DBP in die Dispositionsfreiheit des Verwaltungsrates. Wie schon in früherem Zusammenhang dargetan[136], ist nicht einmal der parlamentarische Gesetzgeber in der Lage, den Bereich des „Postwesens" im Sinne des Art. 73 Nr. 7 GG beliebig auszuweiten, weil sonst der Umfang und Inhalt eines verfassungsrechtlichen Begriffs, der die Gesetzgebungsgewalt und die Verwaltungshoheit (Art. 87 Abs. 1 GG) zwischen Bund und Ländern abgrenzen soll, zur alleinigen Disposition des Bundesgesetzgebers gestellt wäre. Das grundgesetzliche Kompetenzsystem wäre damit partiell aufgehoben[137]. Wenn aber schon der

---

[134] Vgl. Entwurf eines Gesetzes über die Verwaltung der Deutschen Bundespost, Bundestagsdrucksache I/3479 Begründung zu § 12 (S. 12 f.); ferner Materialien zum PostVerwG, ArchPF 1953 S. 407, 415, 453, 458 f.
[135] Vgl. *BVerfGE* 49, 89 (126) (Schneller Brüter Kalkar); ferner sogleich im Text.
[136] Vgl. IV. 4. d) aa).
[137] Vgl. *Badura*, in: Bonner Kommentar, Art. 73 Nr. 7 GG Rdnr. 6.

Gesetzgeber selbst nicht in der Lage ist, den Geschäftskreis der DBP nach eigenem Belieben zu bestimmen, so kann er auch nicht den Verwaltungsrat der DBP durch förmliches Gesetz mit einer solchen Befugnis ausrüsten. Nemo plus iuris transferre potest quam ipse habet.

Zum andern taucht die weitere Frage auf, ob der parlamentarische Gesetzgeber seine Befugnis, den verfassungsrechtlichen Begriff des Postwesens inhaltlich in bestimmtem Umfange auszuprägen, pauschal auf den Verwaltungsrat der DBP übertragen kann oder ob dem das Prinzip des Gesetzesvorbehaltes entgegensteht. Diese Frage ist sogleich weiterzuverfolgen. Als vorläufiges Zwischenergebnis bleibt festzuhalten, daß § 12 Abs. 1 Nr. 5 PostVerwG keine positivrechtliche Regelung des aufgeworfenen Zuständigkeitsproblems bietet. Diese Vorschrift ist ohne weitere verfassungsrechtliche Reflexion aus der Weimarer Zeit übernommen worden. Sie kann nach heutigem Verfassungsverständnis bei verfassungskonformer Auslegung allenfalls noch eine partielle Bedeutung haben. Jedenfalls muß ihr vorerst der Vorbehalt angefügt werden, daß die Zuständigkeit des Verwaltungsrates der DBP nur besteht, soweit eine Erweiterung des Geschäftskreises der DBP verfassungsrechtlich überhaupt zulässig ist und nicht der Gesetzesvorbehalt eingreift.

cc) Vorrang des Gesetzes

Einige Anhaltspunkte für die Frage nach Form und Verfahren von Erweiterungsentscheidungen liefert der Gedanke des Vorrangs des Gesetzes. Mit diesem aus dem Prinzip der Gesetzmäßigkeit der Verwaltung folgenden Grundsatz ist nichts anderes ausgedrückt als die Selbstverständlichkeit, daß das förmliche Gesetz allen anderen abgeleiteten Rechtsquellen überlegen ist und daß die Verwaltung nicht gegen das Gesetz im materiellen Sinne, also auch nicht gegen Rechtsvorschriften, die wie beispielsweise Rechtsverordnungen unterhalb des förmlichen Gesetzes stehen, verstoßen dürfen[138].

Unter dem Gesichtspunkt des Gesetzesvorrangs würde eine Erweiterung des Geschäftskreises des DBP außer durch ein förmliches Gesetz a limine ausscheiden, wenn die Aufzählung der Geschäftszweige in § 1 PostG als *abschließende* Regelung zu verstehen wäre. Gegen ein solches Verständnis spricht zum einen der Umstand, daß die Materialien zum Postgesetz keinerlei Anhaltspunkte dafür ergeben, die Aufzählung in § 1 könne als numerus clausus der postalischen Dienstzweige verstanden werden. Überdies war § 12 Abs. 1 Nr. 5 PostVerwG in Kraft, als § 1 PostG im Jahre 1969 formuliert worden ist. Man könnte nun so argumentieren: wenn der Gesetzgeber den § 1 PostG als

---

[138] Vgl. *Ossenbühl*, Die Quellen des Verwaltungsrechts, in: Erichsen / Martens, Allgemeines Verwaltungsrecht, 4. Aufl. 1979, S. 57.

IV. Der verfassungsrechtlich umgrenzte Bereich des „Postwesens"

abschließende Regelung hätte verstanden wissen wollen, so hätte er auch § 12 Abs. 1 Nr. 5 PostVerwG neu fassen müssen. Andererseits steht freilich eine solche Argumentation, die ihre Legitimation letztlich aus der Stimmigkeit der Gesamtrechtsordnung bezieht, mit den Realitäten der Gesetzgebungsarbeit nur selten in Einklang, denn es gibt zahlreiche Beispiele, in denen an eine durch Gesetz entstehende Unstimmigkeit an anderen Stellen der Rechtsordnung gar nicht gedacht worden ist. Es verbietet sich deshalb, jedes Unterlassen des Gesetzgebers als ein bewußtes und überlegtes Unterlassen zu deuten und hieraus interpretatorische Schlüsse zu ziehen.

Für eine abschließende gesetzliche Regelung aller Dienstzweige, die zum „Postwesen" gehören sollen, durch § 1 PostG spricht jedoch eine andere Überlegung. PostG und PostVerwG müssen zusammen gesehen werden. Das PostVerwG regelt die Organisation, Rechtsstellung und Haushaltsführung der „Deutschen Bundespost". Zu ihren Aufgaben gehört (nur) das „Post- und Fernmeldewesen"[139]. Zur Erfüllung dieser Aufgaben ist ein Sondervermögen gebildet worden, welches dem „Post- und Fernmeldewesen gewidmet" ist (§ 3 PostVerwG). Dieser Widmungszweck ist, soweit es das Postwesen anbetrifft, in § 1 PostG umrissen. Indessen könnte man gegen eine solche Argumentation wiederum § 12 Abs. 1 Nr. 5 PostVerwG ins Feld führen, der gerade zeigt, daß das Parlament selbst nicht von einer endgültigen und abschließenden Umreißung des Widmungszwecks ausgegangen ist.

Nach allem läßt sich also nicht mit Sicherheit feststellen, daß § 1 PostG eine abschließende Regelung darstellt, die schon unter dem Gesichtspunkt des Vorrangs des Gesetzes Erweiterungen des postalischen Wirkungskreis nur durch förmliches Gesetz zuließe. Unter dem Gesichtspunkt des Vorrangs des Gesetzes bedürfte jedoch die Erweiterung des Postspardienstes auf andere Sparformen der formalgesetzlichen Regelung. Dies folgt daraus, daß der Postsparverkehr gem. § 2 Abs. 2 i. V. m. §§ 21, 22 des Kreditwesengesetzes gesetzlich geregelt und auf einen bestimmten Sparbegriff festgelegt ist. Es bestünde freilich die Möglichkeit, das Kreditwesengesetz durch eine Ermächtigungsvorschrift zu ergänzen, die vorsieht, daß durch Rechtsverordnung des Bundesministers für das Post- und Fernmeldewesen unter bestimmten Voraussetzungen weitere Sparformen zugelassen werden können.

Zu beachten ist schließlich, daß der Vorrang des Gesetzes in einem weiteren Sinne auch für Rechtsvorschriften unterhalb des förmlichen Gesetzes gilt. Dies bedeutet konkret gesprochen, daß Geschäftserweiterungen nur dann zulässig sind, wenn sie nicht gegen bestehendes

---

[139] Diese schon aus der Verfassung folgende Beschränkung wiederholt § 1 Abs. 1 PostVerwG.

Verordnungsrecht verstoßen. Wenn also beispielsweise bei der Behältersendung Einzelsendungen zugelassen werden sollen, die das durch die Postordnung vorgeschriebene Höchstgewichtslimit überschreiten, so bedarf es zumindest einer Änderung dieser Rechtsverordnung, womöglich sogar eines förmlichen Gesetzes. Dasselbe gilt wie soeben gesagt für die Einführung neuer Sparformen, die sich noch im Rahmen des herkömmlichen Postsparkassendienstes halten, aber als solche nicht in der Postsparkassenordnung vorgesehen sind.

dd) Vorbehalt des Gesetzes

Für die Zwecke der vorliegenden Untersuchung erscheint es entbehrlich, die Problematik des Gesetzesvorbehaltes in seiner historischen Dimension aufzurollen. Es mag der schon früher gegebene Hinweis genügen, daß der Gesetzesvorbehalt sich als eine *Kompetenzkategorie* erweist, die früher die Machtsphären zwischen Monarch und Parlament abgrenzen sollte[140] und die nach dem grundlegenden Wandel der Verfassungsstrukturen (Wegfall der konstitutionellen Monarchie, Begründung des demokratischen Rechtsstaates) zwar nicht ihre verfassungspolitische Bedeutung eingebüßt hat, aber in dem veränderten verfassungsrechtlichen Milieu einer Neuinterpretation bedarf. Allerdings geht es nach wie vor um die Frage, welche Entscheidungen im Staate durch das Parlament getroffen werden müssen und welche Entscheidungen kraft originärer oder legislativ-derivativer Kompetenz von der Exekutive gefällt werden können. Indessen ist diese Abgrenzung heute nicht mehr wie zu Zeiten der konstitutionellen Monarchie von einem realpolitischen Machtkampf zweier antagonistisch einander gegenüberstehender und rivalisierender Machtfaktoren im Staate begleitet. Denn die Exekutive verkörpert im parlamentarisch-demokratischen Regierungssystem keine vom Parlament unabhängige oder ihr gar entgegengesetzte Gewalt, vielmehr bilden Parlamentsmehrheit und Regierung eher eine politische Aktionseinheit, die das Vorbehaltsproblem früherer Zeiten vollkommen umgewandelt hat. Denn aus der vormaligen „séparation des pouvoirs" ist eine „séparation des fonctions" geworden[141]. Die auf diese Weise gebotene Neuorientierung des Gesetzesvorbehaltes hat eine quantitative und eine verfassungssystematische Seite, die beide engstens miteinander zusammenhängen.

Quantitativ geht es um die Frage der Erstreckung des Gesetzesvorbehaltes auf weitere bisher von ihm nicht erfaßte Regelungsbereiche. Erinnert sei an die seit Jahrzehnten geführte Diskussion um die Aus-

---

[140] Vgl. *Ernst Rudolf Huber*, Deutsche Verfassungsgeschichte, Bd. II, 1960, S. 16 ff.
[141] Vgl. *Ernst Wolfgang Böckenförde*, Die Organisationsgewalt im Bereich der Regierung, 1964, S. 79.

IV. Der verfassungsrechtlich umgrenzte Bereich des „Postwesens"

dehnung des Gesetzesvorbehaltes auf die sog. Leistungsverwaltung[142]. Gleichsam eine Renaissance oder genauer gesagt: Erstgeburt feiert der Gesetzesvorbehalt schließlich kraft einer energischen Geburtshilfe der Gerichte, vor allem des Bundesverfassungsgerichts. Dies gilt insbesondere im Anstaltsbereich, namentlich dem Schulwesen[143].

Verfassungssystematisch bemerkenswert ist die zunehmende Erkenntnis der *demokratischen Dimension* des Gesetzesvorbehaltes, die bislang dank der dominierend am Rechtsstaatsprinzip interessierten Verfassungsrechtslehre im Hintergrund geblieben ist[144]. Der Gesetzesvorbehalt erfüllt sowohl eine rechtsstaatliche wie auch eine demokratische Funktion. Beide Funktionen sind einander zugeordnet und ergänzen und stützen sich gegenseitig. Im Sinne des formellen und materiellen Rechtsstaates bedeutet der Gesetzesvorbehalt Herrschaft des Rechts, Verbürgung von Rechtssicherheit und Voraussehbarkeit des Rechts durch das Gesetz sowie Wahrung einer dauerhaften Ordnung. Im Sinne des Demokratiegebotes bedeutet der Gesetzesvorbehalt Herrschaft des Volkes[145]. Beides schließt sich nicht aus, sondern ist im demokratischen Rechtsstaat zur Synthese gebracht. Für die Vorbehaltsproblematik ergibt sich damit eine grundsätzliche Plattform, die das Bundesverfassungsgericht in einer Grundsatzentscheidung[146] wie folgt prägnant umrissen hat:

„Der Grundsatz des Vorbehaltes des (allgemeinen) Gesetzes wird im Grundgesetz nicht expressis verbis erwähnt. Seine Geltung ergibt sich jedoch aus Art. 20 Abs. 3 GG. Die Bindung der vollziehenden Gewalt und der Rechtsprechung an Gesetz und Recht, der Vorrang des Gesetzes also, würden ihren Sinn verlieren, wenn nicht schon die Verfassung selbst verlangen würde, daß staatliches Handeln in bestimmten grundlegenden Bereichen nur Rechtens ist, wenn es durch das förmliche Gesetz legitimiert wird. Welche Bereiche das im einzelnen sind, läßt sich indessen aus Art. 20 Abs. 3 GG nicht mehr unmittelbar erschließen. Insoweit ist vielmehr auf die jeweils betroffenen Lebensbereiche und Rechtspositionen der Bürger und die Eigenart der Regelungsgegenstände insgesamt abzustellen. Die Grundrechte mit ihren speziellen Gesetzesvorbehalten und mit den in ihnen enthaltenen objektiven Wertentscheidungen geben dabei konkretisierende weiterführende Anhaltspunkte. Die von der konstitutionellen, bürgerlich-liberalen Staatsauffassung des 19. Jahrhunderts geprägte Formel, ein Gesetz sei nur erforderlich, wo „Eingriffe in Freiheit und Eigentum" in Rede stehen, wird dem heutigen Verfassungsverständnis nicht mehr voll gerecht (vgl. BVerfGE 8, 155 (167)). Im Rahmen einer demokratisch-parlamentarischen Staatsver-

---

[142] Vgl. z. B. *Jesch*, Gesetz und Verwaltung, 1961; *Ossenbühl*, Verwaltungsvorschriften und Grundgesetz, 1968, S. 208 ff.

[143] Vgl. *Ossenbühl*, Verfassungsrechtliche Probleme der Kooperativen Schule, 1977, S. 14 ff.

[144] Vgl. jetzt *BVerfGE* 49, 89 (126) (Schneller Brüter Kalkar).

[145] Vgl. zur Unterscheidung auch *Jesch*, Gesetz und Verwaltung, 1961, S. 24 ff.

[146] *BVerfGE* 40, 237 (248 ff.).

fassung, wie sie das Grundgesetz ist, liegt es näher anzunehmen, daß die Entscheidung aller grundsätzlichen Fragen, die den Bürger unmittelbar betreffen, durch Gesetz erfolgen muß, und zwar losgelöst von dem in der Praxis fließenden Abgrenzungsmerkmal des „Eingriffs". Staatliches Handeln, durch das dem Einzelnen Leistungen und Chancen gewährt und angeboten werden, ist für eine Existenz in Freiheit oft nicht weniger bedeutungsvoll als das Unterbleiben eines „Eingriffs". Hier wie dort kommt dem vom Parlament beschlossenen Gesetz gegenüber dem bloßen Verwaltungshandeln die unmittelbare demokratische Legitimation zu, und das parlamentarische Verfahren gewährleistet ein höheres Maß an Öffentlichkeit der Auseinandersetzung und Entscheidungssuche und damit auch größere Möglichkeiten eines Ausgleichs widerstreitender Interessen. All das spricht für eine Ausdehnung des allgemeinen Gesetzesvorbehalts über die überkommenen Grenzen hinaus. Auch außerhalb des Bereichs des Art. 80 (dazu BVerfGE 7, 282 (301) und ständige Rechtsprechung) hat der Gesetzgeber die grundlegenden Entscheidungen selbst zu treffen und zu verantworten (vgl. BVerfGE 33, 125 (158); 33, 301 (346))."

Die Frage nach dem Vorbehalt des Gesetzes betrifft die Zuordnung bestimmter Kompetenzen im Verhältnis von Parlament und Exekutive. Was dem Parlament „vorbehalten" ist, darf die Exekutive nicht aus *eigener* Macht selbst regeln. Dies schließt aber nicht aus, daß das Parlament seine Kompetenzen auf die Exekutive überträgt. Bezieht man diese Möglichkeit der Delegation legislativer Kompetenzen auf die Exekutive ein, so kann man unterscheiden zwischen *ausschließlichen* und *übertragbaren* Parlamentskompetenzen, wobei die erste Kategorie jene Materien und Entscheidungen umgreift, die das Parlament aus Gründen des Verfassungsrechts selbst ordnen resp. regeln muß[147]. Die mit dieser Differenzierung gegebene Dreiteilung in

— ausschließliche Parlamentskompetenzen,
— übertragbare Parlamentskompetenzen,
— originäre Exekutivkompetenzen

war der bisherigen Diskussion um die Vorbehaltsproblematik nicht voll bewußt, weil sie durchgehend von dem Frageansatz aus geführt worden ist, *was* die *Exekutive* aus eigener Machtvollkommenheit darf und *wozu* sie eine gesetzliche Ermächtigung benötigt. Demgegenüber liegt in der neueren Diskussion der Akzent der Fragestellung anders, wenn es darum geht, welche Entscheidungen das Parlament *selbst* treffen *muß* und deshalb von jeglicher Regelung durch die Exekutive, gleichgültig ob aufgrund originärer oder derivativer Kompetenz, ausgenommen sind. Insoweit hat sich die Vorbehaltsproblematik um eine bedeutsame Dimension erweitert und den Akzent auf die demokratische Komponente des Gesetzesvorbehalts verlagert[148].

---

[147] Vgl. auch *Erichsen*, VerwArch 67 (1967), S. 93 (97 f.).
[148] Vgl. *Fritz Ossenbühl*, Zur Erziehungskompetenz des Staates, in: Festschrift für Friedrich Wilhelm Bosch, 1976, S. 751 ff.; jetzt auch *BVerfGE* 46, 89 (126).

IV. Der verfassungsrechtlich umgrenzte Bereich des „Postwesens"

Sinn und Funktion des Gesetzesvorbehaltes lassen sich relativ einfach umschreiben und im Grundsatz leicht verstehen. — Die Problematik besteht darin, daß es nach ganz unbestrittener Auffassung zwar einen Gesetzesvorbehalt gibt, daß aber die Gegenstände, die diesen Gesetzesvorbehalt substantiell ausfüllen, nirgends verfassungsrechtlich fixiert sind. Namentlich ist festzustellen, daß das Grundgesetz sich über diese Grundsatzfrage weitgehend ausschweigt und außer einigen punktuellen Regelungen[149] keine Vorschriften über die dem Parlament vorbehaltenen Entscheidungen enthält. Insbesondere geben die Gesetzgebungskataloge des Grundgesetzes (Art. 73 ff.) über die Reichweite des Gesetzesvorbehaltes keinen Aufschluß. Die Vorschriften über die Zuständigkeit auf dem Gebiet der Gesetzgebung geben nur Auskunft darüber, welcher Gesetzgeber zuständig ist, sofern überhaupt ein Gesetz notwendig erscheint. Sie besagen aber nichts zu der Frage, ob eine Regelung durch Gesetz erfolgen muß oder vielmehr auch auf andere Weise, etwa durch Verwaltungsvorschrift vorgenommen werden kann. Es ist deshalb unzutreffend, wenn beispielsweise aus Art. 73 Nr. 7 GG die Folgerung gezogen wird, daß „für das gesamte Post- und Fernmeldewesen und die Tätigkeit der Deutschen Bundespost" ein Gesetzesvorbehalt bestehe[150].

Die dadurch gegebene Unsicherheit wird durch verschiedene Umstände vermehrt, insbesondere dadurch, daß der Rückgriff auf traditionelle Vorbilder in der Vorbehaltslehre infolge des Verfassungsumbruchs von der konstitutionellen Monarchie in die parlamentarische Regierungsform weitestgehend versagt, jedenfalls aber insoweit keine Hilfe zu bieten vermag, als der Sozialstaat des 20. Jahrhunderts in unvergleichlichem Maße mehr und kompliziertere Regelungen zu treffen hat als alle früheren Gesetzgeber.

Im neueren Schrifttum und in der neueren Rechtsprechung versucht man, das Abgrenzungsproblem mit dem Kriterium der „Wesentlichkeit" zu meistern[151]. Die „Wesentlichkeitstheorie" hat sich insbesondere im Schulrecht etabliert[152]. Hierfür war nicht zuletzt eine Reihe einschlägi-

---

[149] Vgl. z. B. Art. 24 I, 29 I 1, 59 II 1, 84 I, 106 III 3, 115 I, III GG.

[150] So *Rupp*, Verfassungsrechtliche Aspekte der Postgebühren und des Wettbewerbs der Deutschen Bundespost mit den Kreditinstituten, 1971, S. 27; vgl. auch *Badura*, in: Bonner Kommentar, Art. 73 Nr. 7 Rdnr. 6 (Aufgaben und Befugnisse der Bundespost können nur durch Bundesgesetz begründet, verändert oder aufgehoben werden); *Feigenbutz*, Die Bindungen des Post- und Fernmeldewesens an und durch das Rechtsinstitut der Gebühr, 1977, S. 68.

[151] Vgl. z. B. BVerfGE 34, 52 (59) (Hessisches Richtergesetz); 40, 237 (249) (Verfahrensregelungen); 42, 251 (259) (Schulausschluß); 49, 89 (126) (Schneller Brüter Kalkar).

[152] Vgl. z. B. *Thomas Oppermann*, Nach welchen Grundsätzen sind das öffentliche Schulwesen und die Stellung der an ihm Beteiligten zu ordnen?,

ger Entscheidungen des Bundesverfassungsgerichts und des Bundesverwaltungsgerichts maßgeblich[153]. Die sog. Wesentlichkeitstheorie verdient streng genommen den Namen „Theorie" nicht. Denn die These, daß das Parlament alle „wesentlichen" Entscheidungen zu treffen hat, enthält ebenso Selbstverständliches wie Nichtssagendes. Sie ist überdies kaum von praktikablem Wert, weil die „Wesentlichkeit" einer zu regelnden Frage im Einzelfall regelmäßig zu Kontroversen führen wird[154]. Die „Wesentlichkeit" einer zu regelnden Frage kann als kompetenzentscheidendes und kompetenzzuweisendes Kriterium nur dann tauglich sein, wenn sie — was nur selten vorkommt — entweder einen evidenten Tatbestand bezeichnet oder aber mit konkreteren Kriterien und Orientierungsmarken angereichert werden kann. Solche Maßstäbe sind in der neueren Diskussion genannt worden. Im Vordergrund steht dabei die *Grundrechtsrelevanz* einer Regelung. Dies bedeutet: wenn eine Regelung Grundrechte maßgeblich einschränkt, prägt oder ausformt, bedarf es einer Entscheidung in Gestalt eines förmlichen Gesetzes[155]. Des weiteren ist im Schrifttum die Formel geprägt worden: „Das Wesentliche ist das politisch Kontroverse[156]." Diese Formel trifft gewiß einen richtigen Kern. Sie ist aber als grenzziehendes Kriterium im juristischen Bereich problematisch, weil das „politisch Kontroverse" eine Größe darstellt, die vielleicht noch schwerer faßbar ist als das Wesentliche und die insbesondere der Manipulation unterliegt.

Wendet man die bisherigen Erkenntnisse auf das im Postwesen gestellte Problem an, so wird man nachstehende Folgerungen zu treffen haben. Die *Einführung neuer Dienstzweige* der DBP bedarf, sofern sie sich überhaupt noch unter den Kompetenztitel des Art. 73 Nr. 7 GG subsumieren läßt, der Regelung durch förmliches Gesetz. Diese These

---

Gutachten C zum 51. Deutschen Juristentag, 1976, S. 48; *Wimmer*, Nach welchen Grundsätzen sind das öffentliche Schulwesen und die Stellung der an ihm Beteiligten zu regeln?, JZ 1976, 457 ff.; *Lutz Dietze*, Nach welchen rechtlichen Grundsätzen sind das öffentliche Schulwesen und die Stellung der an ihm Beteiligten zu ordnen?, DVBl. 1976, 593 ff. (602); *Ossenbühl*, Verfassungsrechtliche Probleme der Kooperativen Schule, 1977, S. 23; *derselbe*, Rechtliche Grundlagen der Erteilung von Schulzeugnissen, 1978, S. 56 ff.

[153] Vgl. BVerfGE 33, 303 betr. numerus clausus („wesentliche Entscheidungen"); 34, 165 (Festlegung der „wesentlichen Merkmale" einer Förderstufe); BVerwGE 47, 194 („wesentliche Entscheidungen im Schulwesen"); 47, 201 („grundlegende Entscheidungen" bei der Regelung des Schulverhältnisses).

[154] Vgl. hierfür als Beleg den Diskussionsstand im Schulrecht: *Ossenbühl*, Schule im Rechtsstaat, DÖV 1977, 801 ff. (803) mit weiteren Nachweisen; ferner *Kisker*, Neue Aspekte im Streit um den Vorbehalt des Gesetzes, NJW 1977, 1313 (1317).

[155] BVerfGE 46, 89 (126).

[156] So *Kisker*, Neue Aspekte im Streit um den Vorbehalt des Gesetzes, NJW 1977, 1313 (1318).

IV. Der verfassungsrechtlich umgrenzte Bereich des „Postwesens"

wird durch die Überlegung gestützt, daß es bei der Etablierung neuer Dienstzweige um die Grenzziehung und Ausprägung eines verfassungsrechtlichen Begriffs geht, der seinerseits die Staatsgewalt zwischen Bund und Ländern abzirkeln soll; allein durch diese Thematik wird der Entscheidung über die Erweiterung des Wirkungsbereiches der DBP verfassungsrechtliches Gewicht verliehen, wird sie in die Qualität des „Wesentlichen" erhoben. Hinzu tritt die weitere Überlegung, daß nach einem schon früher zitierten Satz des BVerfG die Gesetzgebungszuständigkeit des Bundes die äußerste Grenze seiner Verwaltungszuständigkeit bildet[157]. Dieses Verhältnis darf nicht dadurch unterlaufen werden, daß durch Verwaltungspraxis eine allmähliche Ausdehnung des Sachbereiches „Postwesen" stattfindet, die ihrerseits den Kompetenztitel des Bundes gemäß Art. 73 Nr. 7 GG erweitert[158]. Alle neuen Tätigkeiten, die sich also nicht mehr in die herkömmlichen Dienstzweige einordnen lassen, erfordern demzufolge eine formalgesetzliche Regelung. Dazu hat man sowohl den *Post-Kurier-Dienst* zu rechnen wie auch die *Ausweitung der Behältersendung* über das Maß des Paketdienstes im herkömmlicherweise verstandenen Sinne hinaus.

Hingegen dürfte für die Einführung *neuer Sparformen im Postsparkassendienst* eine Ergänzung der Postsparkassenordnung genügen, sofern diese Sparformen dem bisherigen Postsparen vergleichbar sind, d. h. die typischen Merkmale des Postsparens aufweisen[159]. Voraussetzung wäre freilich — wie schon hervorgehoben —, daß der Postsparverkehr von den gesetzlichen Bindungen der §§ 21, 22 des Kreditwesengesetzes befreit würde[160].

Die nur unter den geschilderten engen Voraussetzungen zulässige Einführung von weiteren *Überziehungsmöglichkeiten im Postgiroverkehr* hingegen wird man wiederum dem Gesetzesvorbehalt zu unterstellen haben, weil es sich hierbei um einen Fall handelt, bei dem die Dimensionen eines herkömmlichen Dienstzweiges der DBP verlassen werden und grundlegende Abwägungen mit den Interessen des Kreditgewerbes zu treffen sind.

7. Gesamtergebnis zu IV.

a) Die Begriffe „Postwesen" und „Bundespost" meinen denselben Sachbereich. Da die Verwaltungszuständigkeit des Bundes nicht weiter

---

[157] BVerfGE 12, 206 (229); 15, 1 (16).
[158] In diesem Sinne etwa *Feigenbutz*, Die Bindungen des Post- und Fernmeldewesens an und durch das Rechtsinstitut der Gebühr, 1977, S. 68.
[159] Dazu oben IV. 6. c) gg).
[160] Dazu oben sub cc).

7. Gesamtergebnis zu IV.

reicht als seine Gesetzgebungszuständigkeit, ist für die Interpretation beim Begriff „Postwesen" im Sinne des Art. 73 Nr. 7 GG anzusetzen. Bei der Auslegung von Kompetenzbegriffen kommt nach der Rechtsprechung des Bundesverfassungsgerichts der historischen Auslegung ein besonderes Gewicht zu. Nach der historischen Auslegung gehören zum „Postwesen" alle Dienstzweige, die durch einen Transport- und Übermittlungseffekt charakterisiert sind. Dies gilt entgegen vereinzelten Stimmen im Schrifttum auch für den Postscheckdienst. Schwierigkeiten bereitet die Einordnung des Postsparkassendienstes. Dieser Dienstzweig kann sowohl unter den Begriff des „Postwesens" fallen wie auch in den Bereich der „sonstigen Hoheitsverwaltung des Bundes". Die Zuordnung ist davon abhängig, welches Gewicht man der Staatspraxis bei der Auslegung der Kompetenznormen einräumen will.

b) Der Begriff des „Postwesens" ist ein Kompetenzbegriff, der die Funktionsbereiche zwischen Bund und Ländern abgrenzen soll. Diesen Zweck kann er nur erfüllen, wenn er als Verfassungsbegriff der Disposition des einfachen Gesetzgebers prinzipiell entzogen wird.

c) Bei der Interpretation des Begriffs „Postwesen" ist zu beachten, daß es sich um einen „zukunftsoffenen" historischen Begriff handelt. Dies bedeutet, daß der Aufgabenbestand der DBP erweitert werden kann, die Erweiterungen jedoch an dem „traditionellen Grundbestand" des Wirkungskreises der DBP zu orientieren sind.

d) Der geplante Post-Kurier-Dienst geht über die bisherigen Dienstleistungszweige hinaus, indem an die Stelle einer reglementierten Massenbeförderung die Erfüllung eines (zeitlich und räumlich wie auch sachlich) individuellen Transportwunsches tritt. Der Post-Kurier-Dienst liegt damit an der Grenze des unter das „Postwesen" Subsumierbaren. Ob er noch unter dem Kompetenztitel „Postwesen" erfaßt werden kann, hängt von der Ausgestaltung im einzelnen ab. Die Beförderungsgegenstände müssen sich auf „Kleingut" beschränken.

e) Die Einführung einer Behältersendung wird problematisch, wenn die Einzelsendungen das Gewichtslimit für Pakete überschreiten sollen.

f) Die Annahme und Auslieferung von Reisegepäck und Expreßgut der Deutschen Bundesbahn kann von der DBP entweder „im Auftrage der DB" oder als eigene Angelegenheit wahrgenommen werden.

g) Eine Anpassung des Postsparverkehrs an neue Sparformen erscheint prinzipiell unproblematisch, weil sie nicht notwendig mit einer Erweiterung dieses Dienstzweiges verbunden ist.

h) Überziehungskredite im Postscheckverkehr sind nur zulässig, soweit sie notwendig erscheinen, um den Postgirodienst zu rationalisieren oder/und funktionsfähig zu halten.

IV. Der verfassungsrechtlich umgrenzte Bereich des „Postwesens"

i) Die Übernahme banküblicher Aktivgeschäfte kann nicht unter dem Kompetenztitel „Postwesen" erfolgen.

j) Kompetentiell zulässigen Erweiterungen des „Postwesens" stehen grundrechtliche Hindernisse prinzipiell nicht entgegen.

k) Die Einführung neuer Dienstzweige der DBP bedarf prinzipiell der Regelung durch förmliches Gesetz. Die Erweiterung bestehender Dienstzweige ist unter dem Gesichtspunkt des Gesetzesvorbehaltes differenziert zu sehen.

V. Sonstige hoheitliche Tätigkeit der DBP

1. Verdeutlichung der Fragestellung

Die an früherer Stelle dargebotene Bestandsaufnahme hat gezeigt, daß die DBP auch hoheitliche Aufgaben wahrnimmt, die sich weder unter den Kompetenztitel des „Postwesens" resp. der „Bundespost" subsumieren noch dem erwerbswirtschaftlichen Wirkungsbereich zuordnen lassen. Diese Agenden gehören zum Bereich der sonstigen hoheitlichen Tätigkeit der DBP.

Nach der deutschen Verwaltungsrechtslehre werden die Tätigkeiten von Hoheitsträgern in verschiedene Handlungskategorien und Tätigkeitsbereiche eingeteilt, die unterschiedlichen rechtlichen Regelungen unterliegen. Träger der öffentlichen Verwaltung können hoheitlich und fiskalisch tätig werden. Demgemäß ist in einer ersten Zweiteilung zwischen hoheitlicher und fiskalischer Verwaltung zu unterscheiden. Innerhalb der fiskalischen Verwaltung sind weitere Differenzierungen geläufig, insbesondere die Bedarfsdeckungsgeschäfte, die Vermögensverwertungsgeschäfte und die Teilnahme am wirtschaftlichen Wettbewerb[161].

Hoheitliche Verwaltung wird inhaltlich differenziert in obrigkeitliche und schlicht-hoheitliche Verwaltung[162], nach anderen Gesichtspunkten z. B. in Leistungs- und Eingriffsverwaltung. Sie kann sowohl in öffentlich-rechtlichen wie auch in privatrechtlichen Formen ausgeübt werden.

Die unter dem Kompetenztitel „Postwesen" von der „Bundespost" wahrgenommenen Aufgaben bilden einen sachbereichsspezifischen Ausschnitt aus der in öffentlich-rechtlichen Formen ausgeübten Hoheitsverwaltung des Bundes. Der hierzu kontrastierende Agendenbereich ist die Teilnahme der DBP am wirtschaftlichen Wettbewerb in privatrechtlichen Formen. Im folgenden geht es demgegenüber um eine Zwischenzone, nämlich um die sonstige in öffentlich-rechtlichen Formen ausgeübte Hoheitsverwaltung des Bundes, die kompetentiell der Bundespost zugewiesen ist. Es handelt sich hierbei um Aufgaben, die *nicht* als „posttypisch" bezeichnet werden können, die vielmehr der

---

[161] Vgl. *Wilke / Schachel*, Probleme fiskalischer Betätigung der öffentlichen Hand, in: Wirtschaft und Verwaltung 1978, S. 95 ff.
[162] Vgl. *Wolff / Bachof*, Verwaltungsrecht I, 9. Aufl. 1974, § 23 III.

Post nur deshalb zugewiesen worden sind, weil sich das Verwaltungspotential der DBP zur Aufgabenerfüllung in besonderem Maße eignet und daher von der Sache her anbietet. Von der Kompetenz und vom Charakter der Aufgabe her gesehen geht es um eine „Indienstnahme" der DBP für und durch andere Hoheitsträger, denen die DBP entweder Erfüllungshilfe leistet oder die sie von einzelnen Randaufgaben entlastet. Beispielhaft seien genannt die Auszahlung von Versichertenrenten, der Vertrieb von Steuermarken, die Erhebung von Wechselprotesten, die Einziehung von Rundfunkgebühren usw.

Die rechtliche Relevanz der Einordnung von Postagenden unter die *sonstige Hoheitsverwaltung des Bundes* besteht zum einen darin, daß es sich *nicht* um originäre Kompetenzen der DBP handelt, die ihr verfassungsrechtlich „vorbehalten" sind, sondern um einen Wirkungskreis, der auf anderen Kompetenzgrundlagen beruht. Zum andern besteht die Bedeutung dieser Einordnung darin, daß die betreffenden Agenden nicht zum erwerbswirtschaftlichen Sektor gehören und damit den öffentlich-rechtlichen Bindungen in vollem Umfange unterstellt bleiben.

2. Konkretisierung des Agendenkreises

Wie schon erwähnt, fallen unter die Rubrik der sonstigen Hoheitsverwaltung die bestehenden sondergesetzlichen Kompetenzzuweisungen (z. B. Erhebung von Wechselprotesten, Vertrieb von Steuermarken, Auszahlung von Renten etc.). Von den neu ins Auge gefaßten Tätigkeitsbereichen gehören folgende Fälle hierher.

Erstens die Abgabe von Kraftfahrzeugsteuerplaketten im Rahmen einer beabsichtigten Neuordnung der Erhebung der Kraftfahrzeugsteuer.

Zweitens die Annahme und Auslieferung von Reisegepäck und Expreßgut der Deutschen Bundesbahn[163].

Drittens die Einführung eines Sozialdienstes nach skandinavischem Muster.

Die folgenden Ausführungen werden sich deshalb der Frage zuwenden, ob die vorgenannten Aufgaben in den Aufgabenkatalog der DBP aufgenommen werden können.

---

[163] Vgl. oben IV. 6. c) dd).

3. Erweiterung des Bereichs der sonstigen Hoheitsverwaltung

a) Grundrechtsfragen

Die Erweiterung des Bereichs der sonstigen Hoheitsverwaltung muß sich ebenso an Grundrechtspositionen messen lassen wie die Ausdehnung des „Postwesens"[164]. Eine denkbare erweiterungshemmende Wirkung von Grundrechtspositionen ist im Kompetenzbereich des „Postwesens" restriktiver zu beurteilen als sonst, weil das „Postwesen" als Staatsagende verfassungsrechtlich fundiert ist (Art. 73 Nr. 7, Art. 87 Abs. 1 GG). Aus dieser Sicht müßte die Stärke der Grundrechtspositionen gegenüber Aufgaben der DBP, die (nur) auf einer einfachgesetzlichen Grundlage oder womöglich lediglich auf einer Verwaltungsvereinbarung beruhen, anders eingeschätzt werden. Indessen ergeben sich gleichwohl für die hier zu beurteilenden Sachverhalte keine Unterschiede.

Dies folgt namentlich aus zwei Gründen. Zum einen sind die Tätigkeitsbereiche, in welche die DBP nach den Planungen eingeschaltet werden soll, *notwendige* Staatsaufgaben und als solche per se dem Staat vorbehalten, dem Privatbereich also entzogen und demzufolge eines grundrechtlichen Schutzes von Hause aus nicht fähig. Dazu gehören die mit dem Vollzug von Steuergesetzen verbundenen und notwendigen administrativen Aufgaben, also auch die Abgabe von Kraftfahrzeugsteuer-Plaketten, sofern eine Steuerreform diese Form der Steuererhebung vorsehen sollte. Zum andern sind die Agendenbereiche, die auch privater (Berufs-)Tätigkeit offenstehen (Sozialhilfe, Gepäckbeförderung), schon bislang ebenfalls seit langem anerkannte und wesentliche Bestandteile des Bestandes an staatlichen und kommunalen Aufgaben. Dies gilt für die Annahme und Auslieferung von Reisegepäck und Expreßgut der Deutschen Bundesbahn, weil die Tätigkeit der Deutschen Bundesbahn anerkanntermaßen als Erfüllung staatlicher Aufgaben anzusehen ist[165]. Dies gilt aber auch für die Sozialhilfe, die herkömmlicherweise zum eisernen Aufgabenbestand der kommunalen Selbstverwaltung gehört.

In beiden Fällen, sowohl bei der Annahme und Auslieferung von Reisegepäck und Expreßgut der Deutschen Bundesbahn wie auch bei der Einrichtung eines Sozialdienstes nach skandinavischem Muster geht es deshalb nicht um die Eskalation des sog. öffentlichen Sektors zu Lasten des Bereichs privater Initiative, sondern vielmehr (nur) um die Verlagerung von (Teil-)Aufgaben oder die Umschichtung von Kompetenzen innerhalb der öffentlichen Verwaltung. Die Grenzlinie

---
[164] Dazu oben IV. 6. d).
[165] Vgl. auch § 6 Abs. 3 Bundesbahngesetz: „Die Erfüllung der Aufgaben der Deutschen Bundesbahn ist öffentlicher Dienst."

zwischen Staatssektor und Privatbereich bleibt von dieser internen Umverteilung unberührt. Demzufolge kommen a limine grundrechtshemmende Wirkungen nicht in Betracht.

b) Kompetenzfragen

Handelt es sich also angesichts der geplanten Erweiterungsprojekte um eine „verwaltungsinterne" Kompetenzumverteilung oder um eine Aufgabenerfüllungshilfe, so taucht lediglich die Frage auf, ob und ggf. auf welchem Wege solche Umverteilung zulässig ist. Dies hängt von mehreren Umständen ab. Zum einen von der rechtlichen Grundlage der Kompetenzen, zum andern von dem jeweiligen Kompetenzträger. Gesetzlich festgelegte Kompetenzen können ihrerseits nur wiederum durch eine gesetzliche Kompetenzänderung neu geordnet werden. Änderungen der *Organ*kompetenz innerhalb eines Verwaltungsträgers sind ungeachtet möglicherweise notwendiger gesetzlicher Kompetenzänderungen prinzipiell verfassungsmäßig unproblematisch. Hingegen müssen Änderungen der *Verbands*kompetenz (Bund, Länder, Gemeinden etc.) ihrerseits stets mit Blick auf die verfassungsrechtliche Kompetenzverteilung im Bundesstaat gewürdigt werden.

Die Erweiterung des Wirkungskreises der DBP auf die Annahme und Auslieferung von Reisegepäck und Expreßgut der Deutschen Bundesbahn würde sich als eine Aufgabenumschichtung zwischen den beiden größten Bundesverkehrsanstalten erweisen. Die Verbandskompetenz des Bundes bliebe unberührt. Der Bund hat sowohl für die Bundeseisenbahnen wie auch für die Bundespost eine in Art. 87 Abs. 1 GG verfassungsrechtlich abgesicherte Verwaltungskompetenz. Aus verfassungsrechtlicher Sicht erscheint deshalb eine solche Aufgabenumschichtung unbedenklich.

Freilich ließe sich denktheoretisch einwenden, daß die Annahme und Auslieferung von Reisegepäck und Expreßgut in dem Augenblick gleichsam in den Privatbereich und damit in die grundrechtlich umhegte Betätigungszone zurückfällt, in dem die Bundesbahn sich partiell aus der Fläche zurückzieht. Jedoch läßt sich dieser „Rückfall" jedenfalls dadurch verhindern, daß der Staat die ihm seit langem zukommende Aufgabe durch konkludente Erklärung in seinem Kompetenzbereich behält, indem er sie einer anderen Verwaltungsinstanz zur Erledigung zuweist.

Die Frage kann deshalb für diesen Fall nur die sein, auf welche Weise eine solche Aufgabenumschichtung stattfinden muß; anders gesprochen: ob ein Beschluß der Organe der DBP und der Deutschen Bundesbahn genügt, ob eine Rechtsverordnung oder ein förmliches Gesetz notwendig erscheint. Insoweit ist zunächst zu bemerken, daß

3. Erweiterung des Bereichs der sonstigen Hoheitsverwaltung

nach den Grundsätzen über den Gesetzesvorbehalt der Erlaß eines förmlichen, durch den Bundestag beschlossenen Gesetzes nicht geboten erscheint, weil die in Rede stehende Aufgabenumschichtung aus den schon dargestellten Gründen weder Grundrechte berührt noch in grundgesetzlich fixierte Verbandskompetenzen eingreift. Gegenstand des Kompetenzproblems ist vielmehr nur die Abgrenzung zwischen zwei Bundesressorts, dem Bundesminister für das Post- und Fernmeldewesen auf der einen und dem Bundesminister für Verkehr auf der anderen Seite. Zu beachten ist insoweit jedoch, daß Bundesbahn und Bundespost als Sondervermögen des Bundes ausgestaltet und mit eigenen Verwaltungsorganen versehen sind, denen formalgesetzlich eingeräumte Beschlußkompetenzen zustehen, die die grundsätzliche Kompetenz zur Ressortabgrenzung im Bund modifizieren[166].

Hält man die Kompetenzumschichtung von der Bundesbahn auf die Bundespost durch Beschluß der Organe beider Verkehrsanstalten für zulässig, so hängt die rechtliche Konstruktion der Aufgabenverlagerung von weiteren Details ab. Zum einen ist denkbar, daß die Deutsche Bundesbahn mit ihrem Rückzug aus der Fläche ihre Kompetenz partiell „derelinquiert", so daß die auf diese Weise aufgegebene Kompetenz von der DBP in einem „einseitigen Akt" aufgenommen werden kann. In diesem Falle genügte ein Beschluß des Verwaltungsrates der DBP. Insoweit könnte der schon früher diskutierte § 12 Abs. 1 Nr. 5 PostVerwG einen eigenen, trotz der aufgezeigten Bedenken verfassungskonformen Anwendungsbereich finden. Die von der Bundesbahn aufgegebene Kompetenz würde in die volle Disposition der DBP gelangen. Denkbar ist aber auch, daß der Rückzug der DBP aus der Fläche nicht als Kompetenzaufgabe gewollt ist und gewertet werden kann, so daß die Einschaltung der DBP lediglich als Erfüllungshilfe aufzufassen ist. In diesem Falle wäre ein akkordiertes Verhalten zwischen beiden Bundesverkehrsanstalten erforderlich, welches alle Einzelheiten der Erfüllungshilfe festlegt.

Anders liegen die Dinge bei der *Abgabe von Kfz.-Steuerplaketten*. Generell wird man diesen Vorgang — ohne Rücksicht darauf, wie der technische Ablauf der Steuererhebung ausgestaltet wird — als *Verfahrensbestandteil der Steuererhebung* qualifizieren müssen. Demzufolge gehört er von Haus aus zur Kompetenz der zuständigen Finanzbehörden. Dies sind bei der Kraftfahrzeugsteuer die Landesfinanzbehörden (Art. 108 Abs. 2 GG). Wer von dieser Zuständigkeitsordnung abweichen möchte, bedarf hierzu der verfassungsrechtlichen Legitimation. Für die Struktur der Steuerverwaltung sieht das Grundgesetz selbst solche abweichenden organisatorischen Möglichkeiten vor, unter

---

[166] Vgl. dazu *Ernst-Wolfgang Böckenförde*, Die Organisationsgewalt im Bereich der Regierung, 1964, S. 192 ff.

anderem die Einschaltung von „Bundesfinanzbehörden" in die Steuerverwaltung, „wenn und soweit dadurch der Vollzug der Steuergesetze erheblich verbessert und erleichtert wird" (Art. 108 Abs. 4 Satz 1 GG).

Diese Vorschrift ist zwar auf die DBP nicht unmittelbar anwendbar, weil sie nicht als „Bundesfinanzbehörde" qualifiziert werden kann. Jedoch zeigt Art. 108 GG sehr deutlich, daß Aufbau und Organisation der Steuerverwaltung nach dem Willen des Verfassungsgebers nicht unter dem Gesichtspunkt klarer Kompetenztrennung, sondern der Verwaltungseffizienz betrachtet werden müssen und gestaltet werden sollen. Deshalb dürften keine Bedenken dagegen zu erheben sein, wenn die DBP durch förmliches Bundesgesetz mit Zustimmung des Bundesrates in der vorgesehenen Weise in den Prozeß der Kfz.-Steuererhebung eingeschaltet wird. Bedenken können um so weniger Platz greifen, als mit der Abgabe von Steuerplaketten nur ein rein technischer Verfahrensausschnitt in Rede steht, dem keinerlei Beurteilungs- oder Entscheidungsanteile eigen sind.

Wieder anders stellen sich die Probleme bei der Einschaltung der DBP in die von den Kommunen betriebene Sozialhilfe, speziell die Altenhilfe. Örtliche Träger der Sozialhilfe sind die kreisfreien Städte und die Landkreise (§ 96 Bundessozialhilfegesetz). Zu den Sozialhilfeaufgaben gehört insbesondere auch die Altenhilfe, die in § 75 des Bundessozialhilfegesetzes geregelt ist. Der *Aufbau eines Sozialdienstes durch die DBP*, der darauf gerichtet ist, insbesondere bei alleinstehenden alten und kranken Menschen Hilfe zu leisten und den Kontakt mit der Umwelt herzustellen und aufrechtzuerhalten, würde in den gesetzlich festgelegten Kompetenzkreis der Kommunen eingreifen, ein Kompetenzkreis, der herkömmlicherweise zum engeren Aufgabenbestand der kommunalen Selbstverwaltung, mit anderen Worten: zu den „Angelegenheiten der örtlichen Gemeinschaft" im Sinne des Art. 28 Abs. 2 GG gezählt wird.

Allerdings ist auch der herkömmliche Aufgabenbestand der kommunalen Selbstverwaltung, der durch die grundgesetzliche Garantie der kommunalen Selbstverwaltung erfaßt wird, keineswegs vor jeglichem Zugriff abgesichert. Vielmehr gilt diese Bestandsgewährleistung nur „im Rahmen der Gesetze" (Art. 28 Abs. 2 GG). Deshalb bestehen keine Hindernisse, einen Sozialdienst der DBP im oben umrissenen Sinne auf der Grundlage eines mit Zustimmung des Bundesrates erlassenen förmlichen Bundesgesetzes zu etablieren (Art. 84 Abs. 1 GG).

De lege lata ist die Begründung eines solchen Sozialdienstes allenfalls auf der Grundlage einer Delegation oder eines Mandates der für diese Aufgabe zuständigen Kommunen denkbar. Eine Delegation scheidet aus. Delegation bedeutet die Übertragung von Zuständigkeiten einer Funktionsstelle auf eine andere. Sie bewirkt deshalb eine Ver-

3. Erweiterung des Bereichs der sonstigen Hoheitsverwaltung 93

änderung der bestehenden Zuständigkeitsordnung. Da die bestehende Zuständigkeitsordnung auf förmlichem Gesetz, nämlich dem Bundessozialhilfegesetz, beruht, ist eine Zuständigkeitsveränderung außer durch Gesetzesänderung nur möglich, wenn für eine Delegation eine gesetzliche Ermächtigung besteht[167]. Solche formalgesetzlichen Vorschriften, die zu einer Delegation von Sozialhilfeaufgaben auf Bundesstellen ermächtigen, sind jedoch nicht ersichtlich.

Näher in Betracht kommt demzufolge nur der Aufbau eines postalischen Sozialdienstes auf der Grundlage eines kommunalen Mandates. Das Mandat bedeutet eine auftragsweise Wahrnehmung *fremder* Kompetenzen in *fremdem* Namen. Die Kompetenzordnung bleibt demnach unberührt. Die vom Mandatar getroffene Maßnahme gilt als Maßnahme des Mandanten als des eigentlichen Inhabers der Zuständigkeit. Bei dieser Konstruktion würde die DBP also keine echte neue Kompetenz gewinnen, sondern (lediglich) den Kommunen bei der Erfüllung ihrer Aufgaben helfen. Bleiben Verantwortung und Zuständigkeit beim Mandanten, so muß ihm die Möglichkeit eröffnet sein, auf die Verwaltungsführung des Mandatars durch Weisungen einzuwirken[168]. Ein solches Weisungsrecht kann auch durch Vereinbarung eingeräumt werden[169].

Über die Zulässigkeit des Mandats herrscht Unklarheit und Uneinigkeit. Zwischenbehördliche Mandate der hier in Rede stehenden Art werden zum Teil ganz abgelehnt[170]. Einige halten das zwischenbehördliche Mandat jedenfalls dann für unzulässig, wenn das generelle Mandat im Bereich des Gesetzesvorbehaltes liegt oder eine gesetzlich festgelegte Zuständigkeitsordnung existiert. Die gesetzliche Zuständigkeitsordnung, so wird argumentiert, erschöpfe sich nicht darin, eine formalrechtliche Zuordnung bestimmter Hoheitsakte oder Aufgaben festzulegen, sondern bringe auch zum Ausdruck, der Kompetenzinhaber solle selbst die ihm eingeräumten Kompetenzen ausüben, weil er dem Gesetzgeber nach seiner organisatorischen Stellung im Staatsgefüge, seiner Zusammensetzung und Verfahrensweise, seiner Betrauung mit anderen Aufgaben, seinen Verwaltungsmitteln etc. besonders geeignet erscheine, eine staatliche Aufgabe wahrzunehmen[171]. Daraus wird ge-

---

[167] Vgl. *Wolff / Bachof*, Verwaltungsrecht II, 4. Aufl. 1976, § 72 IV b) 2.; *Schenke*, Delegation und Mandat im öffentlichen Recht, VerwArch 68 (1977), S. 118 ff.
[168] Vgl. *Ossenbühl*, Verwaltungsvorschriften und Grundgesetz, 1968, S. 441; *Schwabe*, Zum organisationsrechtlichen Mandat, DVBl. 1974, 69 (73).
[169] Vgl. *Schwabe* (FN 168), S. 73.
[170] Vgl. *Schenke*, Delegation und Mandat im öffentlichen Recht, VerwArch 68 (1977), S. 150 mit Nachweisen.
[171] Vgl. *Schenke* (FN 170), S. 153 f. unter Hinweis auf *Dagtoglou*, Kollegialakte und Kollegialorgane der Verwaltung, 1960, S. 63.

folgert, daß ein generelles Mandat als Abweichung von einer gesetzlich statuierten Zuständigkeitsregelung ebenfalls nur dann zulässig sei, wenn es sich auf eine gesetzliche Grundlage stützen läßt.

Diese Überlegungen haben viel für sich. In der Tat birgt das Mandat die Gefahr in sich, ein Delegationsverbot faktisch zu unterlaufen und die gesetzliche Zuständigkeitsordnung auszuhöhlen[172]. Andererseits würde es zu weit gehen, aus dieser Gefahr der Gesetzesumgehung ein *absolutes* Mandatsverbot abzuleiten. Ein gangbarer Weg, die Gefahr zu bannen, besteht auch darin, materielle Kriterien zu entwickeln, die Grenzen des Mandates markieren. Auf diese Weise würde das Institut des Mandates jedenfalls für solche Fälle erhalten bleiben, in denen es aus dem Blickpunkt der gesetzlichen Zuständigkeitsordnung unbedenklich erscheint und zugleich einer praktischen Notwendigkeit oder doch einem praktischen Bedürfnis entgegenkommt. So kann es sich zum Beispiel aufgrund der besonderen geografischen Lage einer Gemeinde oder aus sonstigen Gründen als ausgesprochen nützlich erweisen, den täglichen Kontakt von Postbeamten mit der Bevölkerung als Informationsquelle oder dgl. im Rahmen der kommunalen Sozialhilfe nutzbar zu machen.

Insgesamt läßt sich festhalten, daß es von der Zulässigkeit her gesehen unbedenklich erscheint, wenn ein Mandat sich auf die Wahrnehmung entscheidungsarmer, technischer oder informativer Verwaltungsvorgänge beschränkt. Ein Mandat ist jedoch unzulässig, wenn wesentliche Teile der Kompetenzausübung auf Dauer vom Mandatar wahrgenommen werden. In einem solchen Falle liegt eine Umgehung der gesetzlichen Zuständigkeitsordnung vor. Sollte das Mandat gleichwohl einem praktischen Bedürfnis entsprechen, so muß durch eine Änderung der gesetzlichen Zuständigkeitsordnung Abhilfe geschaffen werden. Auf jeden Fall muß gesichert bleiben, daß der Mandant auf die Aufgabenerfüllung durch Weisungen einwirken kann.

Wendet man diese Erkenntnisse auf den Aufbau eines Sozialdienstes durch die DBP an, so kommt alles darauf an, in welcher Form dies geschehen soll und welche Funktionen man diesem Sozialdienst zuzuweisen gedenkt. Generell ist festzuhalten, daß Grundlage eines solchen Sozialdienstes nur ein Mandat der zuständigen Kommunen sein kann. Das Mandat müßte, um nicht gegen die gesetzliche Zuständigkeitsordnung zu verstoßen, auf ergänzende Hilfsfunktionen beschränkt sein. Ferner müßte gewährleistet sein, daß die zuständigen Kommunen Weisungsrechte besitzen, mit deren Hilfe sie auf die Aufgabenerfüllung durch die DBP Einfluß nehmen können.

---

[172] Vgl. auch *Schwabe*, Zum organisationsrechtlichen Mandat, DVBl. 1974, 69 (73).

4. Gesamtergebnis zu V.

Zur sonstigen Hoheitsverwaltung gehören alle Aufgaben, die die DBP außerhalb des „Postwesens" im technischen Sinne mit öffentlich-rechtlichen Mitteln erfüllt. Von den neu ins Auge gefaßten Agenden, die der DBP zugewiesen werden sollen, ist hierher zu rechnen die Abgabe von Kraftfahrzeugsteuer-Plaketten, die Annahme und Auslieferung von Reisegepäck der Deutschen Bundesbahn und die Einführung eines Sozialdienstes nach skandinavischem Muster.

Eine solche Erweiterung des Aufgabenkataloges der DBP würde nicht auf grundrechtliche Sperren oder Hindernisse stoßen, weil die vorgenannten Aufgaben auch bislang schon zum festen und anerkannten Aufgabenkreis der öffentlichen Hand gehören und deshalb keine Beschneidung des privaten Sektors stattfindet, sondern nur eine gleichsam verwaltungsinterne Kompetenzumschichtung. Die Frage, auf welche Weise die beschriebenen Aufgaben der DBP zugewiesen werden können, kann nur differenziert beantwortet werden. Sie hängt bei der Übernahme von Kompetenzen der Deutschen Bundesbahn von der Ausgestaltung im Einzelfalle ab. Die Kompetenz zur Abgabe von Steuerplaketten bedürfte der Rechtsgrundlage durch ein förmliches Bundesgesetz, das mit Zustimmung des Bundesrates erlassen wird. Der Aufbau eines postalischen Sozialdienstes ist nur auf der Grundlage eines kommunalen Mandates zulässig. Ein solches Mandat müßte den zuständigen Kommunen Weisungsbefugnisse vorbehalten und dürfte sich inhaltlich nur auf ergänzende Hilfsfunktionen beschränken.

VI. Teilnahme am Wirtschaftsleben

Die folgenden Überlegungen gehen der Frage nach, ob diejenigen geplanten Tätigkeiten, die nicht zum engeren Bereich des „Postwesens" gehören und auch nicht ohne weiteres als sonstige hoheitliche Tätigkeit qualifiziert werden können, Agenden darstellen, die als „Teilnahme des Bundes am Wirtschaftsleben" verfassungsrechtlich unbedenklich sind und der „Bundespost" zugeordnet werden können.

1. Abgrenzungs- und Qualifikationsprobleme

a) Herkömmliche Bereichseinteilungen

Nach den herkömmlichen Differenzierungen wird zwischen Hoheitsverwaltung und Fiskalverwaltung unterschieden. Beide Verwaltungsbereiche folgen unterschiedlichen Regelungen. Hoheitliches Handeln unterliegt den öffentlich-rechtlichen Regeln und Bindungen, fiskalisches Handeln wird nach privatem Recht beurteilt. Aus diesem Unterschied resultiert unmittelbar die rechtliche Relevanz der genannten Zweiteilung. Jedoch ist die Grenzziehung problematisch. In einer breit angelegten Zwischenzone, die beide Rechtsregime übergreift, ist das sog. Verwaltungshandeln in Privatrechtsformen angesiedelt, welches nach einem durch öffentlich-rechtliche Bindungen und Direktiven modifizierten Privatrecht, anders gesprochen: einem Sonder-Privatrecht für Hoheitsträger beurteilt wird, also dem „Verwaltungsprivatrecht" unterliegt[173]. Gemeint sind jene Fälle, in denen der Staat oder ein sonstiger Hoheitsträger in den Organisationsformen und mit den Mitteln des Privatrechts staatliche Aufgaben erfüllt. Zu diesem Bereich gehört auch die *Erfüllung staatlicher Aufgaben durch öffentliche Unternehmen*. Das öffentliche Unternehmen ist dadurch gekennzeichnet, daß es ganz oder fast ausschließlich von der öffentlichen Hand (Bund, Länder, Gemeinden) betrieben wird, nach wirtschaftlichen Prinzipien handelt, aus der allgemeinen Verwaltung ausgegliedert ist und einen eigenen Handlungsspielraum besitzt[174]. Zu diesen öffentlichen Unternehmen

---

[173] Vgl. zum Begriff: *Ossenbühl*, Daseinsvorsorge und Verwaltungsprivatrecht, DÖV 1971, 513 ff.

[174] Vgl. *Günter Püttner*, Die öffentlichen Unternehmen, 1969, S. 42 ff.; *derselbe*, Der Wettbewerb zwischen öffentlichen und privaten Unternehmen, in: Madlener (Hrsg.), Deutsche öffentlich-rechtliche Landesberichte zum X. Internationalen Kongreß für Rechtsvergleichung in Budapest, 1978, S. 291.

gehören die herkömmlichen kommunalen Daseinsvorsorgebetriebe für Strom, Gas, Wasser usw. ebenso wie die VEBA AG und die Volkswagenwerk AG.

Die Schwierigkeit der juristischen Beurteilung besteht nun darin, daß die öffentlichen Unternehmen lediglich von ihrer Trägerschaft und ihrer organisatorischen Selbständigkeit her definiert und bestimmt sind, nicht aber durch den Aufgabenkreis und das Unternehmensziel. Deshalb gibt es sowohl öffentliche Unternehmen, die unbestritten staatliche und kommunale Aufgaben erfüllen wie die kommunalen Gas- und Wasserwerke, als auch solche, die als Produzenten auftreten und wie jeder andere Privatunternehmer beispielsweise Strümpfe und Autos fabrizieren. Öffentliche Unternehmen können also rein erwerbswirtschaftlich tätig werden wie auch (gleichzeitig) im Dienst der Erfüllung staatlicher und/oder kommunaler Aufgaben stehen. Es dürfte einleuchten, daß dieser Unterschied im Unternehmenshandeln und Unternehmensziel für die rechtliche Qualifizierung maßgeblich sein muß.

b) Neuere Ansätze der Differenzierung

In der herkömmlichen Theorie ist die Unterscheidung zwischen Daseinsvorsorge durch den Staat auf der einen und Teilnahme des Staates am wirtschaftlichen Wettbewerb („Erwerbswirtschaft") auf der anderen Seite nicht am Aufgabencharakter, sondern an der Konkurrenzsituation orientiert worden. Entscheidend für die Zuordnung sollen nicht die mit staatlicher Wirtschaftstätigkeit potentiell verfolgten Absichten, sondern vielmehr das „objektive Merkmal der konkurrierenden Wirtschaftsteilnahme" sein[175]. Die rechtlichen Konsequenzen einer solchen Konzeption laufen auf eine völlige Gleichstellung zwischen privaten und öffentlichen Unternehmen hinaus. Der in solcher Weise am wirtschaftlichen Wettbewerb teilnehmende Staat bedarf weder der gesetzlichen Grundlage noch ist er grundrechtlichen Bindungen unterworfen oder in seinem Ermessen wesentlich beschränkt; andererseits ist ihm auch jegliche Privilegierung, namentlich steuerlicher Art untersagt, und insbesondere bleibt er strikt denselben Regeln unterworfen, die auch für die Privatunternehmen gelten[176].

Demgegenüber wird in neueren Ansätzen der Versuch unternommen, innerhalb der Teilnahme des Staates am wirtschaftlichen Wettbewerb nach den Aufgaben resp. nach dem Zweck des jeweiligen öffent-

---

[175] Vgl. *Hans Klein*, Die Teilnahme des Staates am wirtschaftlichen Wettbewerb, 1968, S. 22.
[176] Vgl. *Hans Klein* (FN 175), S. 276; ähnlich auch die Konzeption von *Bettermann*, Gewerbefreiheit der öffentlichen Hand, in: Festschrift für Hirsch, 1968, S. 1 ff. (7), allerdings beschränkt auf die rein erwerbswirtschaftliche Betätigung.

lichen Unternehmens zu unterscheiden. Rein erwerbswirtschaftliche Unternehmen, die nur nach dem Prinzip der Gewinnmaximierung agieren und keine staatlichen Aufgaben erfüllen oder öffentlichen Zwecken dienen, werden der *Erwerbswirtschaft* zugeordnet. Hingegen werden jene Unternehmen, die zur Erfüllung staatlicher (kommunaler) Aufgaben bestimmt sind und/oder einem spezifischen öffentlichen Zweck dienen, als *staatliche Sozialwirtschaft* zusammengefaßt. Die Unterscheidung verfolgt ersichtlich die Intention, das juristisch bislang unbewältigte Problem der Zulässigkeit und Begrenzung staatlicher Wirtschaftsbetätigung durch Differenzierung einer Lösung näherzubringen[177]. Für jegliche wirtschaftliche Tätigkeit des Staates wird eine Legitimation in Gestalt eines öffentlichen Zwecks gefordert. Das erwerbswirtschaftliche Motiv allein, d. h. die Gewinnerzielungsabsicht für sich, kann eine staatliche Teilnahme am Wirtschaftsleben nicht rechtfertigen, weil der grundgesetzliche Staat nicht „Unternehmerstaat", sondern „Steuerstaat" ist, der die zur Staatsaufgabenerfüllung notwendigen Mittel durch Abgaben und Steuern aufbringt[178].

An dieser Stelle sei noch nicht der Richtigkeit und Tragfähigkeit der genannten Differenzierungen nachgegangen[179]. Wichtig erscheint mir, zweierlei festzuhalten. Die vorgeführten Bereichseinteilungen können nicht Ausgangspunkt einer juristischen Ableitung oder Argumentation sein. Vielmehr sind sie deren Endergebnis. Denn welchem Bereich ein öffentliches Unternehmen zugeordnet werden kann, hängt von den Kriterien ab, die ihrerseits wiederum die Bereichseinteilungen definieren und im Einzelfall der rechtlichen Beurteilung des jeweiligen Unternehmens zugrunde gelegt werden müssen. — Zum andern ist wichtig, zumal in der kaum noch überschaubaren Diskussion um die wirtschaftliche Betätigung der öffentlichen Hand, vor lauter Bäumen den Wald nicht aus den Augen zu verlieren. Alle Bereichseinteilungen und Differenzierungen sollen der Antwort auf zwei Fragen dienen:

Erstens: Ist eine wirtschaftliche Betätigung der öffentlichen Hand schlechthin zulässig oder unzulässig?

---

[177] Vgl. *Rupert Scholz,* Grenzen staatlicher Aktivität unter der grundgesetzlichen Wirtschaftsverfassung, in: Duwendag (Hrsg.), Der Staatssektor in der sozialen Marktwirtschaft, 1976, S. 113 ff. (131 f.); *Klaus Grupp,* Wirtschaftliche Betätigung der öffentlichen Hand unter dem Grundgesetz, ZHR 140 (1976), 367 ff. (370); *Wilke / Schachel,* Probleme fiskalischer Betätigung der öffentlichen Hand, in: Wirtschaft und Verwaltung, 1978, 95 f. (105 f.): *Hans Peter Bull,* Die Staatsaufgaben nach dem Grundgesetz, 1973, S. 279.

[178] Vgl. außer den Vorgenannten besonders: *Josef Isensee,* Steuerstaat als Staatsform, in: Festschrift für Hans Peter Ipsen, 1977, S. 409 ff.; *derselbe,* Privatwirtschaftliche Expansion öffentlich-rechtlicher Versicherer, DB 1979, S. 1 ff. (6).

[179] Vgl. insoweit die Kritik von *Wilke / Schachel* (FN 177), S. 108.

Zweitens: Soweit eine wirtschaftliche Betätigung der öffentlichen Hand zulässig ist: welche Begrenzungen ergeben sich dann aus der Verfassung und aus dem einfachen Gesetzesrecht?

Alle Einteilungen und Kriterien wie öffentliche und staatliche Aufgaben, öffentliche Zwecke, Erwerbswirtschaft und soziale Staatswirtschaft und dgl. kreisen um diese beiden Fragen.

Ein weiteres sei vorweg bemerkt. Nach dem gegenwärtigen Stand der Diskussion besteht nahezu zu keiner Frage, weder zur verfassungsrechtlichen Fundierung einzelner Kriterien noch zu ihrer Praktikabilität oder ihrem Inhalt, eine halbwegs gesicherte Meinung. Dies gilt für das Schrifttum ebenso wie für die Rechtsprechung[180]. Es ist deshalb nur zu verständlich, wenn von maßgeblicher Seite hervorgehoben wird, daß die bisherigen Grenzziehungsmaßstäbe unzureichend sind, daß man mit der Frage nach den Grenzen der wirtschaftlichen Betätigung durch die öffentliche Hand „das Feld gesicherter Erkenntnis" verläßt und daß der Meinungsstreit mit Sicherheit noch nicht als abgeschlossen zu betrachten ist[181].

2. Zulässigkeit der Teilnahme der öffentlichen Hand am wirtschaftlichen Wettbewerb

Die Erörterung der Frage, ob eine Teilnahme des Staates am Wirtschaftsleben *grundsätzlich* zulässig sei oder nicht, ist unergiebig. Diese Frage läßt sich wie alle komplizierten juristischen Fragen nicht mit Ja oder Nein beantworten. Deshalb sind alle Grundprinzipien und Grundgedanken, die in der Diskussion für oder gegen die Zulässigkeit einer Teilnahme des Staates am Wirtschaftsleben angeführt werden, als Pauschalantworten ungeeignet; sie geben nur jeweils Problemausschnitte und damit Teilantworten wieder.

a) Generelle Legitimationsgrundlagen

Als generelle Legitimationsgrundlagen für eine Teilnahme des Staates am Wirtschaftsleben scheiden namentlich die nachstehenden Verfassungsprinzipien aus.

---

[180] Vgl. die Übersicht über den Problemkanon bei *Wilke / Schachel* (FN 177), S. 95 ff.

[181] Vgl. z. B. *Scholz*, Grenzen staatlicher Aktivität unter der grundgesetzlichen Wirtschaftsverfassung, in: Duwendag (Hrsg.), Der Staatssektor in der sozialen Marktwirtschaft, 1976, S. 132; *Stern / Burmeister*, Die kommunalen Sparkassen, 1972, S. 117; *Steindorff*, Einführung in das Wirtschaftsrecht der Bundesrepublik Deutschland, 1977, S. 94; *Wilke / Schachel* (FN 177), S. 111.

aa) Gewerbefreiheit der öffentlichen Hand

Die teilweise vorgenommenen Versuche, der öffentlichen Hand den grundrechtlichen Schutz der Gewerbefreiheit zu vindizieren[182], haben sich nicht durchsetzen können und sind im einschlägigen Schrifttum ganz überwiegend auf dezidierte, teils scharfe Ablehnung gestoßen[183]. *Bettermann* will dem Staat bei rein erwerbswirtschaftlicher Betätigung sowohl im „ob" als auch im „wie" den vollen Grundrechtsschutz zusprechen, also sowohl die Freiheit *zur* Unternehmerschaft des Staates bejahen wie auch die Freiheit *in* der Unternehmertätigkeit in gleichem Maße wie bei Privaten gewährleistet sehen. An dieser Stelle interessiert zunächst lediglich die Frage, ob die Grundrechte dem Staat die Legitimation einräumen, unternehmerisch tätig zu werden. Diese Frage ist mit der ganz überwiegenden Auffassung im Schrifttum nicht nur aus dem Sinn und Zweck der Grundrechte als *gegen* den Staat gewährte Freiheiten, sondern insbesondere aus der Überlegung heraus zu verneinen, daß der Wirkungskreis des Staates nicht aus einem prinzipiell beliebigen freiheitlichen Entschluß resultiert, sondern vielmehr in der Verfassung und in den einfachen Gesetzen vorgegeben ist. Nicht die Grundrechte legitimieren den Staat, sondern verfassungsrechtlich fundierte oder zulässige Staatsaufgaben und Staatsziele. Die Grundrechte legitimieren nicht den Staat, sondern beschränken ihn[184].

bb) Thematisch einschlägige Einzelvorschriften des Grundgesetzes

Das Grundgesetz enthält an einigen Stellen Regelungen, aus denen die Folgerung abgeleitet wird, daß die erwerbswirtschaftliche Unternehmertätigkeit des Staates vom Grundgesetz konkludent für prinzipiell zulässig erachtet werde. Gemeint sind die Erwähnung der Finanzmonopole in Art. 105 Abs. 1, 106 Abs. 1 und 108 Abs. 1 GG sowie die indirekten Hinweise auf Fiskalbetriebe in Art. 110 Abs. 1, 115, 135 Abs. 3 und 4 GG[185]. Betrachtet man den Wortlaut dieser Vorschriften,

---

[182] Vgl. *Bettermann*, Gewerbefreiheit der öffentlichen Hand, in: Festschrift für Hirsch, 1968, S. 1 ff.; *von Mutius*, in: Bonner Kommentar, Art. 19 Abs. 3 Rdnr. 104.

[183] Vgl. namentlich *Dürig* bei Maunz / Dürig / Herzog / Scholz, Grundgesetz, Art. 19 III Rdnr. 45, Art. 3 I Rdnr. 78, S. 39 FN 1; *Püttner*, Die öffentlichen Unternehmen, 1969, S. 148 ff.; *Gallwas*, Faktische Beeinträchtigungen im Bereich der Grundrechte, 1970, S. 104; *Emmerich*, Das Wirtschaftsrecht der öffentlichen Unternehmen, 1969, S. 91 ff.; *Isensee*, Privatwirtschaftliche Expansion öffentlich-rechtlicher Versicherer, DB 1979, S. 2; *Bethge*, Grundrechtsträgerschaft juristischer Personen — Zur Rechtsprechung des Bundesverfassungsgerichts, AöR 104 (1979), S. 274.

[184] Vgl. *Püttner*, Die öffentlichen Unternehmen, 1969, S. 150.

[185] Vgl. zur Argumentation im einzelnen: *Hans Klein*, Teilnahme des Staates am wirtschaftlichen Wettbewerb, 1968, S. 146 ff.; *Bull*, Staatsauf-

so kann aus keiner der vorgenannten Bestimmungen ein generelles Placet des Grundgesetzes zur unternehmerischen Tätigkeit des Staates abgeleitet werden. Es fehlt also jedenfalls an einer ausdrücklichen Unbedenklichkeitserklärung des Grundgesetzes. Andererseits läßt sich selbstredend nicht bestreiten, daß der Grundgesetzgeber eine ausgedehnte Unternehmertätigkeit des Staates vor Augen hatte, die traditionell seit langem bestand und zu der er eine negative Stellungnahme hätte zum Ausdruck bringen müssen, falls er sie hätte ablehnen wollen[186].

Gegen diese Argumentation läßt sich zweierlei einwenden. Zum einen dies, daß die Berufung auf die Tradition, auf das im Wirtschaftsleben Überkommene, soll es nicht zu einem grundsätzlichen Verfassungsgewohnheitsrechtssatz verdichtet sein, nur die *vorkonstitutionelle* Fiskaltätigkeit legitimieren, also gleichsam *Bestandsschutz* auslösen, nicht aber die Legitimation für eine weitere Eskalation des Staates im wirtschaftlichen Bereich abgeben kann[187]. Wie dem auch sei. Fest steht jedenfalls, daß die aufgezeigten indirekten Regelungen des Grundgesetzes keinerlei Aufschluß geben über *Maß und Umfang* der staatlichen Wettbewerbsteilnahme[188]. Auf dieses Maß und auf diesen Umfang sowie auf die Gründe, die eine Teilnahme des Staates am wirtschaftlichen Wettbewerb legitimieren, kommt es aber entscheidend an.

cc) Der Sozialisierungsartikel des Art. 15 GG

Art. 15 bestimmt, daß Grund und Boden, Naturschätze und Produktionsmittel zum Zwecke der Vergesellschaftung in Gemeineigentum oder in andere Formen der Gemeinwirtschaft überführt werden können. Auch diese Vorschrift ist im Schrifttum gelegentlich als Beweis für eine grundsätzlich positive Einstellung des Grundgesetzes zum staatlichen Unternehmertum angeführt worden[189]. Art. 15 GG, so wird gesagt, gehe von der Zulässigkeit der unternehmerischen Betätigung der öffentlichen Hand aus. Von anderer Seite wird demgegenüber

---

gaben nach dem Grundgesetz, 1973, S. 276 ff.; *Püttner*, Die öffentlichen Unternehmen, 1969, S. 270; *Wilke / Schachel*, Probleme fiskalischer Betätigung der öffentlichen Hand, in: Wirtschaft und Verwaltung, 1978, S. 95 ff. (103).

[186] So *Bettermann*, Gewerbefreiheit der öffentlichen Hand, in: Festschrift für Hirsch, 1968, S. 1 ff. (14).

[187] So *Isensee*, Privatwirtschaftliche Expansion öffentlich-rechtlicher Versicherer, DB 1979, S. 4.

[188] Vgl. *Wilke / Schachel*, Probleme fiskalischer Betätigung der öffentlichen Hand, in: Wirtschaft und Verwaltung, 1978, S. 103; *Hans Klein*, Teilnahme des Staates am wirtschaftlichen Wettbewerb, 1968, S. 146 ff.

[189] Vgl. *Bettermann*, Gewerbefreiheit der öffentlichen Hand, in: Festschrift für Hirsch, 1968, S. 16; *Bull*, Die Staatsaufgaben nach dem Grundgesetz, 1973, S. 277.

geltend gemacht, Art. 15 GG eröffne dem Staat (lediglich) die Möglichkeit zu einer (auch partiellen) Systemveränderung, enthalte aber keine Aussage zum systemkonformen Verhalten des Staates. Anders gesprochen: Art. 15 GG sagt nur etwas dazu aus, falls die Wettbewerbswirtschaft ganz oder teilweise aufgehoben wird, nicht aber dazu, wie sich der Staat in einer bestehenden Wettbewerbswirtschaft verhalten darf[190].

In der Tat läßt sich nicht bestreiten, daß Art. 15 GG die hier gestellte Problematik thematisch gar nicht berührt. Thematische Bedeutung kann diese Grundgesetzvorschrift allenfalls dann gewinnen, wenn es um Grenzziehungen im Einzelfall geht oder wenn der Staat im Formenmißbrauch das geltende Wirtschaftssystem durch extensiven Einsatz systemkonformer Instrumente umkrempeln und in eine Gemeinwirtschaft überführen will[191].

b) Gegenprinzipien

Ebensowenig wie die vorgenannten Verfassungsnormen eine prinzipielle Aussage zur Legitimation staatlicher Wirtschaftsbetätigung enthalten, kann aus anderen Grundgedanken oder Prinzipien der Verfassung das Gegenteil abgeleitet werden. Dies gilt namentlich für das Subsidiaritätsprinzip und die Argumentation aus der „Wirtschaftsverfassung" des Grundgesetzes.

aa) *Subsidiaritätsprinzip*

Das Subsidiaritätsprinzip hat in der bisherigen Diskussion um die Zulässigkeit und Begrenzung der Wirtschaftsbetätigung durch die öffentliche Hand eine maßgebliche Rolle gespielt[192]. Breite und Umfang dieser Diskussion erscheinen gegenüber der praktischen Bedeutung, die der Grundsatz der Subsidiarität in der höchstrichterlichen Rechtsprechung gewonnen hat, überdimensioniert. Weder das Bundesverfassungsgericht noch die übrige höchstrichterliche Rechtsprechung haben dem Subsidiaritätsprinzip jemals eine maßgebliche Bedeutung beigemessen. Das Bundesverwaltungsgericht hat im Gegenteil dem Subsidiaritätsprinzip ausdrücklich den Verfassungsrang abgesprochen[193]. Die Diskussion um die verfassungsrechtliche Verankerung des Subsidiaritätsprinzips und ihre direktive Kraft gegenüber staatlichem Handeln darf heute im wesentlichen als abgeschlossen betrachtet wer-

---

[190] Vgl. *Püttner*, Die öffentlichen Unternehmen, 1969, S. 254 ff.; *Dürig* bei Maunz / Dürig / Herzog / Scholz, Art. 2 I Rdnr. 52 („aliud").

[191] Vgl. in diesem Sinne BVerwGE, 17, 306 (314).

[192] Vgl. die gut belegte Darstellung bei *Stern / Burmeister*, Die kommunalen Sparkassen, 1972, S. 148 ff.

[193] BVerwGE 23, 304 (306); 39, 329 (338).

den. Die allgemeine Meinung geht dahin, daß die Architektonik des grundgesetzlichen Staats- und Gesellschaftsaufbaus zwar zahlreiche subsidiäre Elemente und Komponenten aufweist, daß sich diese Elemente und Komponenten aber nicht zu einem Verfassungsgrundsatz der Subsidiarität verbinden und verdichten lassen. Speziell bezogen auf die Wirtschaftsbetätigung durch die öffentliche Hand bedeutet dies: „Nach dem Staatsverständnis des Grundgesetzes bleibt für eine Verwirklichung des Subsidiaritätsprinzips *als strikte Funktionssperre gegen jedwede öffentliche Wirtschaftsbetätigung oder als Konkurrenzschutz der Privatwirtschaft* kein Raum[194]." Ein Subsidiaritätsprinzip mit Verfassungsrang, welches den staatlichen Gesetzgeber generell einengt, gibt es nicht. Dies bedeutet nicht, daß dem Grundgesetz keine speziellen Grundprinzipien mit subsidiärer Tendenz zu entnehmen wären, denen dirigierende Kraft zukommt[195]. Doch handelt es sich hier stets um Teilaspekte, die an konkreten Verfassungsnormen festgemacht und diskutiert werden können.

bb) „Wirtschaftsverfassung"

Ähnliches wie für das Subsidiaritätsprinzip gilt für eine Argumentation aus der „Wirtschaftsverfassung" des Grundgesetzes[196].

Nach der einschlägigen Rechtsprechung des Bundesverfassungsgerichts konnte die Diskussion um die „Wirtschaftsverfassung" schon vor vielen Jahren zu den Akten gelegt werden. Erst kürzlich hat das Bundesverfassungsgericht im Mitbestimmungs-Urteil vom 1. März 1979[197] nochmals Gelegenheit genommen, seinen Standpunkt zu präzisieren und zu bekräftigen. Die Beschwerdeführer hatten im Verfahren einen Argumentationsansatz vorgebracht, der in einer institutionellen Grundrechtssicht die wirtschafts- und arbeitsverfassungsrechtlichen Freiheiten, Rechte und Garantien zu einem eigenen (objektiven) „Ordnungs- und Schutzzusammenhang" verbindet, der gleichsam als eine zweite objektivrechtliche Schutzzone neben den individualrechtlichen Garantien verstanden und der legislativen Gestaltungsfreiheit entgegengehalten werden kann[198].

---

[194] So das Resümee von *Stern / Burmeister* (FN 192), S. 173; vgl. auch *Rupert Scholz*, Gemeindliche Gebietsreform und regionale Energieversorgung, 1977, S. 52.

[195] Vgl. z. B. *Liesegang*, Die verfassungsrechtliche Ordnung der Wirtschaft, 1977, S. 237 (Grundrechte als Ausdruck des Prinzips der Dezentralität der Wirtschaft).

[196] Vgl. dazu *Badura*, Grundprobleme des Wirtschaftsverfassungsrechts, JuS 1976, 205 ff.; *Badura / Rittner / Rüthers*, Mitbestimmungsgesetz 1976 und Grundgesetz, Gemeinschaftsgutachten, 1977, S. 246 ff.; *Kübler / Schmidt / Simitis*, Mitbestimmung als gesetzgebungspolitische Aufgabe, 1978, S. 94 ff.

[197] BVerfGE 50, 290.

Mit dieser Argumentation wird — wenn auch mit Nuancierungen — der alte Gedanke einer grundgesetzlichen „Wirtschaftsverfassung" wieder aufgenommen. Das Bundesverfassungsgericht hat einer solchen Argumentation jedoch eine unmißverständliche Absage erteilt. Die Prüfungsmaßstäbe eines „institutionellen Zusammenhangs der Wirtschaftsverfassung" und eines „Schutz- und Ordnungszusammenhangs der Grundrechte" finden, wie das Gericht betont, im Grundgesetz keine Stütze. Als Maßstäbe, an denen gesetzgeberische Entscheidungen gemessen werden können, erkennt das Gericht nur die verbürgten Einzelgrundrechte an, freilich unter Beachtung vorhandener Überschneidungen, Ergänzungen und Zusammenhänge hinsichtlich der Schutzbereiche der Grundrechte. Sodann heißt es in den Entscheidungsgründen zu dem hier interessierenden Punkt wie folgt:

„Das Grundgesetz, das sich in seinem ersten Abschnitt im wesentlichen auf die klassischen Grundrechte beschränkt hat, enthält keine unmittelbare Festlegung und Gewährleistungen einer bestimmten Wirtschaftsordnung. Anders als die Weimarer Reichsverfassung (Art. 151 ff.) normiert es auch nicht konkrete verfassungsrechtliche Grundsätze der Gestaltung des Wirtschaftslebens. Es überläßt dessen Ordnung vielmehr dem Gesetzgeber, der hierüber innerhalb der ihm durch das Grundgesetz gezogenen Grenzen frei zu entscheiden hat, ohne dazu einer weiteren als seiner allgemeinen demokratischen Legitimation zu bedürfen. Da diese gesetzgeberische Gestaltungsaufgabe ebenso wie die Gewährleistung von Grundrechten zu den konstituierenden Elementen der demokratischen Verfassung gehört, kann sie nicht im Wege einer Grundrechtsinterpretation weiter eingeschränkt werden, als die Einzelgrundrechte gebieten. Dabei kommt den Einzelgrundrechten die gleiche Bedeutung zu wie in anderen Zusammenhängen: Nach ihrer Geschichte und ihrem heutigen Inhalt sind sie in erster Linie individuelle Rechte, Menschen- und Bürgerrechte, die den Schutz konkreter, besonders gefährdeter Bereiche menschlicher Freiheit zum Gegenstand haben. Die Funktion der Grundrechte als objektiver Prinzipien besteht in der prinzipiellen Verstärkung ihrer Geltungskraft (BVerfGE 7, 198 (205) — Lüth), hat jedoch ihre Wurzel in dieser primären Bedeutung (vgl. etwa für das Eigentum BVerfGE 24, 367 (389) — Hamburgisches Deichordnungsgesetz). Sie läßt sich deshalb nicht von dem eigentlichen Kern lösen und zu einem Gefüge objektiver Normen verselbständigen, in dem der ursprüngliche und bleibende Sinn der Grundrechte zurücktritt. Der unaufhebbare Zusammenhang, der sich daraus ergibt, ist für die Frage der Verfassungsmäßigkeit wirtschaftsordnender Gesetze von wesentlicher Bedeutung: Diese ist unter dem Gesichtspunkt der Grundrechte primär eine solche der Wahrung der Freiheit des einzelnen Bürgers, die der Gesetzgeber auch bei der Ordnung der Wirtschaft zu respektieren hat. Nicht ist sie eine Frage eines „institutionellen Zusammenhangs der Wirtschaftsverfassung", der durch verselbständigte, den individualrechtlichen Gehalt der Grundrechte überhöhende Objektivierungen begründet wird, oder eines mehr als seine grundgesetzlichen Elemente gewährleistenden „Ordnungs- und Schutzzusammenhangs der Grundrechte". Dem entspricht es, wenn das Bundesverfassungsgericht

---

[198] Vgl. zu diesem Ansatz *Badura / Rittner / Rüthers* (FN 196), S. 246 ff. und dazu die Kritik im Gegengutachten der Bundesregierung von *Kübler / Schmidt / Simitis* (FN 196), S. 87 ff.

ausgesprochen hat, daß das Grundgesetz wirtschaftspolitisch neutral sei; der Gesetzgeber darf jede ihm sachgemäß erscheinende Wirtschaftspolitik verfolgen, sofern er dabei das Grundgesetz, insbesondere die Grundrechte beachtet (BVerfGE 4, 7 (17) — Investitionshilfegesetz)[199]."

Mit dieser Position befindet sich das Bundesverfassungsgericht, was die „Wirtschaftsverfassung" anbetrifft, in Übereinstimmung mit der ganz überwiegenden Meinung im Schrifttum[200]. Auch das Bundesverwaltungsgericht hat der Position des Bundesverfassungsgerichts schon in einer sehr frühen Entscheidung ausdrücklich zugestimmt[201].

Versuche, aus einer „Wirtschaftsverfassung" des Grundgesetzes grundsätzliche Aussagen für die Zulässigkeit oder den Umfang der wirtschaftlichen Betätigung der öffentlichen Hand abzuleiten, sind also aussichtslos.

3. Legitimation und Begrenzung durch den öffentlichen Zweck

a) Notwendigkeit eines besonderen öffentlichen Zwecks

Wirtschaftliche Betätigung der öffentlichen Hand muß durch öffentliche Zwecke legitimiert sein. Dies gilt nicht nur für kommunale Wirtschaftsunternehmen, für die die Gemeindeordnungen der Länder entsprechende positivrechtliche Regelungen vorsehen, sondern auch für Wirtschaftsunternehmen des Staates[202]. Diese Folgerung resultiert aus

---

[199] BVerfGE 50, 290 (336 f.).
[200] Vgl. z. B. *Püttner*, Die öffentlichen Unternehmen, 1969, S. 150 ff.; *Emmerich*, Das Wirtschaftsrecht der öffentlichen Unternehmen, 1969, S. 107; *Hans Klein*, Die Teilnahme des Staates am wirtschaftlichen Wettbewerb, 1968, S. 118; *Schricker*, Wirtschaftliche Tätigkeit der öffentlichen Hand und unlauterer Wettbewerb, 1964, S. 79; *Scholz*, Gemeindliche Gebietsreform und regionale Energieversorgung, 1977, S. 55; *Wilke / Schachel*, Probleme fiskalischer Betätigung der öffentlichen Hand, in: Wirtschaft und Verwaltung, 1978, S. 104; *Grupp*, Wirtschaftliche Betätigung der öffentlichen Hand unter dem Grundgesetz, ZHR 140 (1976), 367 ff. (378); *Ehmke*, Wirtschaft und Verfassung, 1961, S. 68 ff.; *Badura*, Grundprobleme des Wirtschaftsrechts, JuS 1976, 205 ff. (208); *Papier*, Unternehmen und Unternehmer in der verfassungsrechtlichen Ordnung der Wirtschaft, VVDStRL 53 (1977), S. 56 ff. (74) mit weiteren Nachweisen.
[201] BVerwGE 17, 306 (308).
[202] Vgl. *Dürig* bei Maunz / Dürig / Herzog / Scholz, Grundgesetz, Kommentar, Art. 2 I Rdnr. 52; *Isensee*, Privatwirtschaftliche Expansion öffentlichrechtlicher Versicherer, DB 1979, S. 1 ff. (7); *Gallwas*, Faktische Beeinträchtigung im Bereich der Grundrechte, 1970, S. 106; *Wilke / Schachel*, Probleme fiskalischer Betätigung der öffentlichen Hand, in: Wirtschaft und Verwaltung, 1978, 95 ff. (105 ff.); *Püttner*, Die öffentlichen Unternehmen, 1969, S. 200 ff.; *Scholz*, Grenzen staatlicher Aktivität unter der grundgesetzlichen Wirtschaftsverfassung, in: Duwendag (Hrsg.), Der Staatssektor in der sozialen Marktwirtschaft, 1976, S. 131; *Hans Klein*, Teilnahme des Staates am wirtschaftlichen Wettbewerb, 1968, S. 81 ff.; *Grupp*, Wirtschaftliche Betäti-

dem rechtsstaatlichen Staatsverständnis, welches den Staat als einen rechtlich verfaßten Verband mit rechtlich ausgestalteter Kompetenzordnung, namentlich auch gegenüber dem gesellschaftlichen Bereich, auffaßt. „Der Staat kann sich seinen „Beruf" und seinen Geschäftskreis nicht frei wählen, sein Pflichtenkreis ist ihm durch die Verfassung (Staatsziele und Staatsgrenzen) sowie durch die Gesetze vorgegeben. Um dies zu erkennen, genügt allerdings nicht ein Blick auf das Wesen der Grundrechte allein; es muß auf Wesen und Ziele des Staates zurückgegriffen werden[203]." Nach einer konkreter fundierten Auffassung ist das Rechtfertigungs-Erfordernis des öffentlichen Zwecks Ausdruck der in den Grundrechten zum Ausdruck kommenden liberalen Verfassungskomponente. Die Grundrechte, namentlich Art. 12 und 14, aber auch das in Art. 3 Abs. 1 GG involvierte Willkürverbot implizieren für den Staat einen generellen Rechtfertigungszwang und konstituieren auf diese Weise eine „Zweckordnung", nach welcher die wirtschaftliche Betätigung vorrangig den Grundrechtsträgern zugewiesen ist[204]. Diese liberale Zweckordnung konkretisiert und aktualisiert sich sowohl im staatlichen Haushaltsrecht wie auch in den Kommunalordnungen der Länder. Die staatlichen Haushaltsordnungen enthalten ausdrückliche Vorschriften, nach welchen der Staat sich an einem Unternehmen nur beteiligen soll, „wenn ein wichtiges Interesse des Bundes vorliegt und sich der vom Bund angestrebte Zweck nicht besser und wirtschaftlicher auf andere Weise erreichen läßt"[205]. Die Legitimationsanforderungen sind für die kommunalen Wirtschaftsunternehmen jener Länder, deren Kommunalordnungen in der Tradition des § 67 DGO stehen[206], noch verschärft, indem ein *„dringender öffentlicher Zweck"* das Unternehmen *„erfordern"* muß.

Das Legitimationserfordernis des öffentlichen Zwecks hat eine doppelte Funktion: es schützt zum einen die Privatwirtschaft vor willkürlichen Staatsinterventionen in den Markt und zum andern den Staat und die öffentliche Hand selbst vor ökonomischen Experimenten[207].

---

gung der öffentlichen Hand unter dem Grundgesetz, ZHR 140 (1976), 367 ff. (380 ff.); *Burmeister*, Plädoyer für ein rechtsstaatliches Instrumentarium staatlicher Leistungsverwaltung und Wirtschaftsagende, in: Wirtschaftsrecht, 1972, S. 312 ff. (349); zuletzt insbesondere *Herbert Krüger*, Das Staatsunternehmen — Ort und Rolle in der Marktwirtschaft, ZBR 1979, 157 ff. (158 linke Spalte).

[203] *Püttner*, Die öffentlichen Unternehmen, 1969, S. 150 ff.
[204] *Isensee*, Privatwirtschaftliche Expansion öffentlich-rechtlicher Versicherer, DB 1979, S. 1 ff. (7); vgl. ferner das Ergebnis der unter 4. durchgeführten Grundrechtsprüfung.
[205] §§ 65 Abs. 1 Satz 1 Nr. 1 BHO; § 65 Abs. 1 LHO NW.
[206] Wie beispielsweise § 88 Abs. 1 GO NW.
[207] *BayVGH* BayVBl. 1976, 628 (629).

b) Definition und Konkretisierung des öffentlichen Zwecks

Das Rechtfertigungs-Erfordernis des öffentlichen Zwecks kann seine disziplinierende Wirkung nur entfalten, wenn sich die öffentlichen Zwecke „anwendungsreif" formulieren und konkretisieren lassen. Insoweit können allerdings nach dem bisherigen Stand kaum nennenswerte Lösungsansätze verbucht werden. Ob solche Lösungsansätze jemals gelingen werden, wird man mit einiger Skepsis beurteilen müssen. Bislang sind Definitionsversuche gescheitert, weil die öffentlichen Zwecke ständig wechseln, vage und hochabstrakt formuliert werden können und sich variieren lassen[208].

aa) Erwerbsabsicht kein legitimierender Unternehmenszweck

Als gefestigte Position kann zunächst die These verbucht werden, daß erwerbswirtschaftliches Gewinnstreben allein oder primär ein Unternehmen der öffentlichen Hand nicht zu legitimieren vermag[209].

Dies bedeutet freilich nicht, daß Gewinnerzielungsabsicht schlechthin illegitim wäre. Vielmehr ist auch die öffentliche Hand gehalten, bei ihren Daseinsvorsorgeeinrichtungen den Grundsätzen der Wirtschaftlichkeit Rechnung zu tragen und sich ökonomisch zu verhalten. Gegen eine Gewinnerzielungsabsicht als *sekundärer* Zweck eines öffentlichen Unternehmens ist deshalb nichts einzuwenden. Festzuhalten bleibt lediglich, daß die Gewinnerzielungsabsicht weder als alleiniger noch als primärer Unternehmenszweck legitimierende Kraft hat.

Die Begründung hierfür wird teils aus dem Wesensgehalt des Grundrechts der Wettbewerbsfreiheit abgeleitet[210], teils aus der Charakteri-

---

[208] Vgl. *Emmerich*, Das Wirtschaftsrecht der öffentlichen Unternehmen, 1969, S. 156 ff.; *derselbe*, Die kommunalen Versorgungsunternehmen zwischen Wirtschaft und Verwaltung, 1970, S. 30 ff., 45 ff.; *derselbe*, Die öffentliche Unternehmung im deutschen Konzern- und Wettbewerbsrecht, in: Die Aktiengesellschaft, 1976, S. 225 ff. (226).

[209] Vgl. *Dürig* bei Maunz / Dürig / Herzog / Scholz, Grundgesetz, Kommentar, Art. 2 I Rdnr. 52; *Hans Peter Ipsen*, Rechtsfragen zur „Ausgliederung" des Werbefernsehens — Zugleich als Beitrag zu den „Grenzen öffentlicher Wirtschaftstätigkeit", NJW 1963, 2102 (2107); *Leisner*, Werbefernsehen und öffentliches Recht, 1967, S. 38 ff.; *Wilke / Schachel*, Problem fiskalischer Betätigung der öffentlichen Hand, in: Wirtschaft und Verwaltung, 1978, S. 107; *Rupert Scholz*, Gemeindliche Gebietsreform und regionale Energieversorgung, 1977, S. 77 mit FN 22; *Grupp*, Wirtschaftliche Betätigung der öffentlichen Hand unter dem Grundgesetz, ZHR 140 (1976), 384; *Isensee*, Privatwirtschaftliche Expansion öffentlich-rechtlicher Versicherer, DB 1979, S. 6; *Klaus Lange*, Verkehr und öffentliches Recht, 1974, S. 247; *Badura*, Verwaltungsrecht im liberalen und im sozialen Rechtsstaat, 1966, S. 25; *Püttner*, Der Wettbewerb zwischen öffentlichen und privaten Unternehmen, in: Madlener (Hrsg.), Deutsche öffentlich-rechtliche Landesberichte zum X. Internationalen Kongreß für Rechtsvergleichung in Budapest, 1978, S. 291 ff. (292).

[210] So *Dürig* bei Maunz / Dürig / Herzog / Scholz, Grundgesetz, Kommentar, Art. 2 I Rdnr. 52.

sierung des Staates als Steuerstaat, für den der Finanzzweck nur im Rahmen der Steuer legitim ist, weil er seine Bedarfsdeckung über die Steuer sucht[211].

bb) *Sonstige öffentliche Zwecke*

Die öffentlichen Zwecke, die bislang als Motivation für die Übernahme öffentlicher Unternehmen bekannt geworden sind, entziehen sich einer Systematisierung. Ihre Heterogenität mag die folgende beispielhafte Aufzählung belegen. So sind als öffentliche Zwecke angeführt worden:

— die Verkehrsversorgung (Lufthansa AG),
— der Wohnungsbau,
— die kulturelle Versorgung (Theater, Oper, Zoo),
— die Deckung des Heeresbedarfs mit Aluminium
  (Vereinigte Aluminium-Werke AG),
— die Sicherheit von Arbeitsplätzen
  (Deutsche Werke Kiel AG),
— die Erhaltung eines Unternehmens in deutscher Hand
  (Gelsenberg AG),
— Energiepolitik,
— „sozialpolitische Belange" (*BVerwG* DÖV 1978, 851 f. und *BayVGH* BayVBl. 1976, 630 betreffend kommunale Wohnungsvermittlung)[212].

Schon diese wenigen Beispiele demonstrieren mit aller Deutlichkeit die Problematik. Der öffentliche Zweck verliert in dem Maße an grenzbestimmender Kraft, indem er in abstrakte Höhen gehoben wird. Ein schönes Beispiel hierfür bietet etwa die Beurteilung der Volkswagen AG. Sie wird einerseits als Beleg dafür angeführt, daß der Staat, ohne eine öffentliche Aufgabe oder einen öffentlichen Zweck zu verfolgen, rein erwerbswirtschaftlich, d. h. in Gewinnerzielungsabsicht tätig wird[213]. Von anderer Seite wird hingegen geltend gemacht, Art. 109 GG rechtfertige eine wirtschaftliche Betätigung der öffentlichen Hand mit dem Motiv der „Erhaltung des gesamtwirtschaftlichen Gleichgewichts". Demzufolge könne nicht beanstandet werden, daß die Volkswagen AG „politische Preise" festsetze, um eine Rezession überwinden

---

[211] Vgl. *Isensee*, Steuerstaat als Staatsform, in: Festschrift für Hans Peter Ipsen, 1977, S. 409 ff. (431 ff.); *derselbe*, Privatwirtschaftliche Expansion der öffentlich-rechtlichen Versicherer, DB 1979, S. 6.

[212] Vgl. die Nachweise bei *Wilke / Schachel*, Probleme fiskalischer Betätigung der öffentlichen Hand, in: Wirtschaft und Verwaltung, 1978, S. 106; ferner namentlich *Hans Horak*, Die wirtschaftliche Betätigung der öffentlichen Hand in der Bundesrepublik und ihre Probleme, 1964, S. 41 f.; 47 ff.

[213] So *Grupp*, Wirtschaftliche Betätigung der öffentlichen Hand unter dem Grundgesetz, ZHR 140 (1976), 367 ff. (370 FN 15).

3. Legitimation und Begrenzung durch den öffentlichen Zweck   109

zu helfen oder einen Boom zu dämpfen[214]. — Abgesehen davon, daß die Erwähnung des Art. 109 GG im vorliegenden Problemkontext verfehlt ist, zeigt dieses Beispiel, wie man den „öffentlichen Zweck" seiner disziplinierenden Funktion vollkommen entkleiden kann. Wenn als hinreichend konkreter öffentlicher Zweck auch die „Erhaltung des gesamtwirtschaftlichen Gleichgewichts" und „Überlegungen der Strukturpolitik" (!)[215] gelten sollen, hat das Zweck-Kriterium als Rechtfertigungselement abgedankt. Denn mit globalen Formeln wie „Strukturpolitik", „gesamtwirtschaftliches Gleichgewicht", „Preispolitik" oder „sozialpolitische Belange" läßt sich schlechthin jede wirtschaftliche Betätigung der öffentlichen Hand ökonomisch oder sozial rechtfertigen[216].

cc) Konkretisierungskompetenz

Die bisherigen Überlegungen zeigen sehr deutlich, daß der „öffentliche Zweck" als rechtliches Kriterium nur dann zu verwenden ist, wenn er sich genügend konkret formulieren und wenn sich gewährleisten läßt, daß er in rational nachvollziehbarer und kontrollierbarer Weise umrissen wird. Somit stellt sich in erster Linie die Frage nach der Konkretisierungskompetenz.

An dieser Stelle führt die einschlägige Diskussion unmittelbar in Gefilde bekannter, aber noch weiter ausgedehnter Problematik. Denn der terminus des „öffentlichen Zwecks" stellt sich bei näherem Zusehen nur als eine andere verbale Form der „staatlichen Aufgabe" dar, so daß die Konkretisierung des öffentlichen Zwecks letztlich nichts anderes bedeutet als die Bestimmung einer „staatlichen Aufgabe"[217].

Von hier aus führt der Weg zur legislativen Gestaltungsfreiheit. Denn ein Katalog staatlicher Aufgaben läßt sich im Wege der Interpretation aus dem Grundgesetz nur bruchstückhaft erschließen. Im übrigen ist insoweit der politische, wenn auch durch die Verfassung disziplinierte Wille des Gesetzgebers maßgeblich.

Mit diesem Ergebnis sind zwar keine verfassungsunmittelbaren Kriterien zur Definition des öffentlichen Zwecks gewonnen, aber es ist andererseits die Konkretisierungskompetenz auf die Ebene der Legislative gehoben. Dies bedeutet, daß das „ob" wirtschaftlicher Betätigung der öffentlichen Hand prinzipiell zu den Materien des Gesetzesvor-

---

[214] So *Bull*, Die Staatsaufgaben nach dem Grundgesetz, 1973, S. 280.
[215] Vgl. *Bull* (FN 214).
[216] Vgl. *Hans Horak* (FN 212), S. 47, wo die Liste bisher verfolgter öffentlicher Zwecke abgehandelt wird; der Verf. nennt: a) Stabilisierung der Konjunktur, b) Förderung und Sicherung des volkswirtschaftlichen Wachstums, c) Regionale Strukturpolitik, d) Förderung des technischen Fortschritts, e) Verhütung des Mißbrauchs wirtschaftlicher Machtstellung.
[217] Vgl. *Stern / Burmeister*, Die kommunalen Sparkassen, 1972, S. 117 ff.

behaltes gehört. Wegen der verfassungsrechtlichen Problematik, die sich mit der wirtschaftlichen Betätigung der öffentlichen Hand verbindet, erscheint diese Konsequenz nur folgerichtig. Darauf wird an späterer Stelle zurückzukommen sein. Die Überantwortung der Konkretisierungskompetenz bei der Feststellung und Bestimmung des öffentlichen Zwecks in das diskretionäre Ermessen des Gesetzgebers bedeutet, dies muß klar gesehen und herausgestellt werden, eine Ent-Rationalisierung der Zweckbestimmung und damit auch ein Verlust an rechtlichen Maßstäben und rechtlicher Kontrolle. Man kann diese Situation streng genommen nur mit dem berühmten Satz von *Anschütz* kommentieren: „Das Staatsrecht hört hier auf[218]." Bemerkenswerterweise hat die höchstrichterliche Rechtsprechung selbst schon diese Konsequenz für den Bereich der Kommunalwirtschaft, deren Zulässigkeit in den Kommunalordnungen kraft ausdrücklicher einfachgesetzlicher Vorschrift an das Vorliegen eines „öffentlichen Zwecks" gebunden ist, gezogen. So heißt es in der letzten einschlägigen Grundsatzentscheidung des *Bundesverwaltungsgerichts*[219] wie folgt:

„Worin die Gemeinde eine Förderung des allgemeinen Wohls erblickt, ist hauptsächlich den Anschauungen und Entschließungen ihrer maßgebenden Organe überlassen und hängt von den örtlichen Verhältnissen, finanziellen Möglichkeiten der Gemeinde, Bedürfnissen der Einwohnerschaft und anderen Faktoren ab. Die Beurteilung des öffentlichen Zwecks für die Errichtung und Fortführung eines Gemeindeunternehmens ist daher der Beurteilung durch den Richter weitgehend entzogen. Im Grunde handelt es sich um eine Frage sachgerechter Kommunalpolitik, die — wie jedes sinnvolle wirtschaftliche Handeln — in starkem Maße von Zweckmäßigkeitsüberlegungen bestimmt wird."

c) Garantenstellung des Staates — Übermaßverbot

Angesichts mangelnder Zweckrationalität gewinnt ein weiteres zusätzliches Kriterium objektiven Charakters entscheidende Bedeutung. Ausreichend ist nämlich nicht, daß die öffentliche Hand mit der von ihr initiierten wirtschaftlichen Betätigung öffentliche Zwecke verfolgt, vielmehr muß hinzukommen, daß ein Eingreifen der öffentlichen Hand erforderlich ist, um den anvisierten Zweck zu erreichen, weil die Privatwirtschaft effektiv diesen Zweck nicht erfüllt[220].

---

[218] In: *Meyer / Anschütz*, Lehrbuch des Deutschen Staatsrechts, 1919, S. 906 betr. den preußischen Verfassungskonflikt.

[219] BVerwGE 39, 329 (334); ebenso *BayVGH* BayVBl. 1976, 628 (630).

[220] Vgl. *Hans Peter Ipsen*, Rechtsfragen zur „Ausgliederung" des Werbefernsehens, NJW 1963, 2102 (2107); *Dürig* bei Maunz / Dürig / Herzog / Scholz, Grundgesetz, Art. 2 I Rdnr. 52; *Nipperdey*, Soziale Marktwirtschaft und Grundgesetz, 2. Aufl. 1961, S. 40; *Isensee*, Privatwirtschaftliche Expansion öffentlich-rechtlicher Versicherer, DB 1979, S. 6; *Klaus Lange*, Verkehr und öffentliches Recht, 1974, S. 245; *Rupert Scholz*, Gemeindliche Gebietsreform und regionale Energieversorgung, 1977, S. 78.

3. Legitimation und Begrenzung durch den öffentlichen Zweck 111

Rolle und Ort des Staatsunternehmens sind prinzipiell dadurch gekennzeichnet, daß es seine Funktion darstellt, die „Schwachstellen" der Marktwirtschaft zu stärken[221]. Die Negativvoraussetzung mangelnder Effizienz der Privatwirtschaft als Schwelle wirtschaftlicher Tätigkeit der öffentlichen Hand wird teils als „ein klarer und sehr wichtiger Anwendungsfall des Subsidiaritätsprinzips" angesehen[222] teils aus dem Verfassungsgrundsatz des Übermaßverbotes abgeleitet[223]. Der Hinweis auf das Übermaßverbot steht bereits im Kontext der noch zu erörternden Grundrechte. Danach muß die öffentliche Hand, die durch wirtschaftliche Initiative in das Marktgeschehen eingreift und damit die Privatwirtschaft faktisch einengt, den Nachweis erbringen, daß ihr Handeln zur Erfüllung öffentlicher Zwecke *geeignet und erforderlich* ist.

d) Resümee und Anwendung

Die vorstehenden Überlegungen haben gezeigt, daß eine wirtschaftliche Betätigung der öffentlichen Hand weder allein noch primär durch erwerbswirtschaftliches Gewinnstreben motiviert sein darf. Zur Legitimation ist vielmehr ein spezifisch-sachlich öffentlicher Zweck erforderlich. Die denkbaren öffentlichen Zwecke lassen sich indessen weder abschließend systematisch erfassen noch hinreichend konkret formulieren und definieren. Das Legitimations-Erfordernis des öffentlichen Zwecks besagt, daß wirtschaftliche Betätigung der öffentlichen Hand nur zur Erfüllung „staatlicher oder kommunaler Aufgaben" zulässig ist. Die Bestimmung und Abgrenzung der „staatlichen und kommunalen Aufgaben" ist dabei weitestgehend der legislativen Gestaltungsfreiheit überlassen. — Außer durch einen spezifisch öffentlichen Zweck muß eine wirtschaftliche Betätigung der öffentlichen Hand wegen „effektiven Nichtausreichens der Privatwirtschaft zur Erfüllung der öffentlichen Zwecke" (*Dürig*) erforderlich sein.

Wendet man diese Grundsätze auf die in diesem Gutachten gestellten konkreten Fragen an, so ergeben sich folgende Konsequenzen. Als Gründe für eine Expansion des Aufgabenkreises der DBP werden angeführt

— eine stagnierende und teils rückläufige Inanspruchnahme der Postdienste mit den daraus sich ergebenden ökonomischen Konsequenzen,

— Bereitstellung und Sicherung neuer Arbeitsplätze.

---

[221] *Herbert Krüger*, Das Staatsunternehmen — Ort und Rolle in der Marktwirtschaft, ZBR 1979, S. 157 ff. (166).

[222] So *Dürig*, bei Maunz / Dürig / Herzog / Scholz, Grundgesetz, Art. 2 I Rdnr. 52; *Ipsen*, Rechtsfragen zur „Ausgliederung" des Werbefernsehens, NJW 1963, 2102 (2107).

[223] So *Isensee*, Privatwirtschaftliche Expansion öffentlich-rechtlicher Versicherer, DB 1979, S. 6.

Nach dem Vorgesagten steht zunächst fest, daß eine Ausweitung des Dienstleistungsprogramms der DBP, gleichgültig ob es um die Postgelddienste oder den Post-Kurier-Dienst oder den Verkauf von Gegenständen irgendeiner Art geht, keinesfalls nur mit der Absicht der Gewinnerzielung vorgenommen werden darf. Erforderlich ist stets ein spezifischer öffentlicher Zweck, ein öffentliches Bedürfnis nach staatlichem Eingreifen, eine „Marktlücke", ein Teilversagen der Privatwirtschaft, die nicht anders ausgeglichen werden kann. Dies alles ist weitgehend eine Frage der Marktbeurteilung und der Würdigung der tatsächlichen Umstände des Einzelfalles.

Was die Motivation der *Arbeitsplatzbereitstellung und Arbeitsplatzsicherung* anbetrifft, wird folgendes zu bedenken sein. Die Sicherung von Arbeitsplätzen ist auch bislang schon als öffentlicher Zweck angeführt worden, mit dem die öffentliche Hand ihre wirtschaftliche Betätigung motiviert hat[224]. Gleichwohl erscheint es fraglich, ob die hier in Rede stehenden Projekte der Erweiterung des Aufgabenkreises der DBP mit dem öffentlichen Zweck „Bereitstellung und Sicherung der Arbeitsplätze" ohne weiteres legitimiert werden können. Allerdings läßt sich nicht bestreiten, daß die Arbeitsplatzvorsorge legitimierender Zweck einer wirtschaftlichen Betätigung der öffentlichen Hand sein kann. Eine andere Frage ist es jedoch, ob dieser öffentliche Zweck der Arbeitsplatzvorsorge von jedem Verwaltungsträger und öffentlichen Unternehmen ohne weiteres in eigener Initiative verfolgt werden kann. Diese Frage wird man zu verneinen haben. Für den kommunalen Raum ist die „Erhaltung der Arbeitsplätze" als *alleiniger* öffentlicher Zweck kommunaler Wirtschaftsbetätigung bestritten worden[225]. Die Begründung hierfür liegt letztlich darin, daß den Gemeinden die *Kompetenz* für die Arbeitsplatzvorsorge abgesprochen wird. Auch wenn man dieser Auffassung nicht zustimmen mag, macht das genannte Beispiel doch deutlich, daß die Kompetenzproblematik bedacht sein will. Sie sei hier skizzierend mitbehandelt.

Arbeitsplatzvorsorge ist gewiß unbestreitbar eine gewichtige Aufgabe. Dies bedarf bei dem gegenwärtigen Stand des Problembewußtseins keiner näheren Darlegung oder Rechtfertigung. Jedoch ist es eine andere Frage, auf welche Weise man solche Arbeitsplatzvorsorge betreiben und in welchem Maß und mit welcher Intensität öffentliche

---

[224] Vgl. *Wolfgang Rüfner*, Formen der öffentlichen Verwaltung im Bereich der Wirtschaft, 1967, S. 180; *Hans Klein*, Die Teilnahme des Staates am wirtschaftlichen Wettbewerb, 1968, S. 48; *Grupp*, Wirtschaftliche Betätigung der öffentlichen Hand unter dem Grundgesetz, ZHR 140 (1976), 367 ff. (375); *Hans Horak*, Die wirtschaftliche Betätigung der öffentlichen Hand in der Bundesrepublik Deutschland und ihre Probleme, 1964, S. 51 f.; *Püttner*, Die öffentlichen Unternehmen, 1969, S. 93 f.

[225] Vgl. *Hans Klein*, Die Teilnahme des Staates am wirtschaftlichen Wettbewerb, 1968, S. 82.

4. Begrenzung durch Grundrechte

Wirtschaftsbetätigung als Abhilfemittel eingesetzt werden soll. In den bisher bekanntgewordenen Fällen hat die öffentliche Hand Arbeitsplatzvorsorge nur punktuell und nur in Notsituationen betrieben, indem sie entweder notleidend gewordene private Unternehmen subventionierte oder in eigene Regie übernahm. Es ist aber soweit ersichtlich kein Fall bekannt, in welchem die öffentliche Hand eigene Unternehmen gegründet oder ausgeweitet hätte, um Arbeitsplatzvorsorge zu betreiben. Der Grund hierfür dürfte gewiß der sein, daß eine solche Motivation in ihrem legitimierenden Wert zweifelhaft erscheint, weil eine Eskalation der öffentlichen Wirtschaftsbetätigung im Regelfalle keine neuen Arbeitsplätze *schafft*, sondern nur vorhandene oder mögliche neue Kapazitäten *verlagert*, und zwar vom privatwirtschaftlichen in den öffentlichen Sektor.

Davon abgesehen kann es unter gesamtwirtschaftlichen Rücksichten politisch inopportun erscheinen, sektorale oder branchentypische Arbeitsplatzprobleme durch Schaffung neuer branchengebundener Arbeitsplätze zu lösen, wenn dadurch ein Prozeß wirtschaftlicher Strukturveränderung nur verzögert wird.

Daraus wird deutlich, daß Arbeitsplatzvorsorge je nach dem regionalen oder nationalen Blickwinkel und der zeitlichen Dimension der Betrachtung (jetzige oder künftige Generation) höchst unterschiedliche Standpunkte bedingt. Unter diesen Umständen dürfte es einleuchtend erscheinen, daß der öffentliche Zweck der Arbeitsplatzvorsorge nicht von jedem öffentlichen Unternehmen oder jedem öffentlichen Verwaltungsträger nach eigenem Gutdünken konkretisiert und realisiert werden kann, sondern der Koordination, wenn nicht zentralisierender Ordnung bedarf. In diesem Licht wird man auch die Bestrebungen einzelner öffentlicher Unternehmen des Bundes oder einzelner Bundesressorts zur Sicherung und Bereitstellung von Arbeitsplätzen in ihrem Bereich zu sehen haben.

Die Arbeitsplatzvorsorge ist keine Unternehmenskompetenz und sie kann deshalb auch keine legitimierende Grundlage für eine Unternehmenspolitik der DBP abgeben. Vielmehr bedarf es hierzu einer koordinierenden Entscheidung, die nur entweder durch die Bundesregierung als Kollegialorgan oder durch den Bundestag getroffen werden kann.

4. Begrenzung durch Grundrechte

a) Stellungnahmen der Rechtsprechung

Stellungnahmen und Belege der Rechtsprechung zu den Grenzen der wirtschaftlichen Betätigung der öffentlichen Hand sind relativ wenig vorhanden. Dies mag ein Indiz dafür sein, daß das überkommene

„Nebeneinander von Privatwirtschaft und öffentlicher Wirtschaft"[226] weniger konfliktträchtig ist, als die theoretische Diskussion vermuten läßt.

Das *Bundesverwaltungsgericht* hat sich in zwei einschlägigen Entscheidungen zum Problem der wirtschaftlichen Betätigung der öffentlichen Hand grundsätzlich geäußert. Im ersten Falle ging es um die Zulassung einer Gebäude-Feuerversicherungsanstalt mit öffentlich-rechtlichem Zwangscharakter zur Mobiliarfeuerversicherung aufgrund eines preußischen Gesetzes aus dem Jahre 1910. Die Zulassung war von einem privaten Versicherungsunternehmen angefochten worden. Das Bundesverwaltungsgericht prüft die Zulassung an den verfassungsrechtlichen Maßstäben der Art. 2, 3, 12, 14 und 15 GG und kommt zu folgenden Erwägungen und Resultaten.

— Art. 2 GG garantiere die in der Verfassung nicht besonders genannten Grundrechte der Vertragsfreiheit und der Wettbewerbsfreiheit. Diese Freiheiten blieben in ihrem Kern unberührt. Die „Zulassung" sei gerechtfertigt, um dem Bedürfnis der Versicherungsnehmer Rechnung zu tragen, verwandte Risiken bei demselben Versicherer zu versichern. Bei Erlaß des Gesetzes sei mitbedacht worden, daß die privaten Versicherungsanstalten nicht konkurrenzunfähig gemacht werden dürften. Wenn der Gesetzgeber in dem Nebeneinander von Privatwirtschaft und öffentlicher Wirtschaft bei der Abwägung der Interessen der Beteiligten dem Bedürfnis der Versicherungsnehmer nach Versicherung verwandter Risiken bei demselben Unternehmen den Vorrang vor den Wünschen der privaten Versicherungswirtschaft zugestehe, so verletze er durch eine entsprechende Regelung den Kern der Wettbewerbsfreiheit nicht.

— Art. 3 GG gebe keinen „generellen Anspruch auf Chancengleichheit", vielmehr gehe der Sinn dieser Verfassungsvorschrift dahin, „Schutz gegen willkürliche Regelungen" zu bieten. Von Willkür könne aber im zur Entscheidung stehenden Fall keine Rede sein.

— Art. 12 GG sei ebenfalls nicht verletzt. Die „Zulassung" berühre nicht die Berufswahl, sondern die Berufsausübung. Die Berufsausübung könne jedoch beschränkt werden, soweit dies durch „vernünftige Erwägungen des Gemeinwohls" gerechtfertigt sei. Eine „solche sachgerechte Erwägung des Gesetzgebers" liege vor, wenn den Zwangsversicherten die Möglichkeit geboten werde, ihre Mobiliarversicherung bei derselben Anstalt abzuschließen, die auch die Gebäudeversicherung übernommen habe. Eventuelle wettbewerbswidrige Fehlentwicklungen und Beeinträchtigungen der wirtschaftlichen Situation der Privatversicherer müßten nach dem privatrechtlich geordneten Recht des unlauteren Wettbewerbs, dem auch die öffentliche Hand unterliege, bekämpft werden.

— Art. 14 GG sei nicht berührt, weil die „Zulassung" keinen unmittelbaren widerrechtlichen Eingriff in den Gewerbebetrieb der Klägerin darstelle. Art. 14 GG schütze nicht vor dem Auftreten eines neuen Konkurrenten, es sei denn, daß dieser durch eine behördliche Maßnahme eine Monopolstellung erlange.

— Art. 15 GG greife thematisch nicht ein. Von einer Sozialisierung könne nur dann gesprochen werden, wenn eine entsprechende Maßnahme mit

---

[226] *BVerwGE* 17, 306 (311).

4. Begrenzung durch Grundrechte

der Absicht erfolge, „gleichsam auf kaltem Wege der Gemeinwirtschaft Raum zu schaffen". Kennzeichnend für die „Sozialisierung" sei der „Zwangszugriff". Die Veränderung — hier der Wettbewerbsverhältnisse — müsse zumindest „mit sanfter Gewalt" herbeigeführt werden[227].

In einer weiteren Entscheidung, die die Konkurrenz zwischen kommunalen und privaten Bestattungsunternehmen betraf, hat das Bundesverwaltungsgericht seine Position verdeutlicht und verschärft.

— Art. 12 GG schütze nicht vor Konkurrenz, auch nicht vor dem Wettbewerb der öffentlichen Hand. Unter wörtlicher Zitierung einer Passage der Lumpensammler-Entscheidung des Bundesverfassungsgerichts (*BVerfGE* 24, 236 (251)) stellt das Bundesverwaltungsgericht fest, es bestehe kein verfassungskräftiges Recht auf Erhaltung des Geschäftsumfanges und der Sicherung weiterer Erwerbsmöglichkeiten in der freien Wettbewerbswirtschaft. Die Grenze sieht das Gericht nur dort erreicht, wo „jede private Konkurrenz unmöglich" gemacht wird.

— Art. 3 GG verbiete nur sachlich unbegründete rechtliche Differenzierungen zum Vorteil des öffentlichen Unternehmens. Die wirtschaftliche Betätigung im Bestattungswesen sei durch öffentliche Zwecke gerechtfertigt und daher nicht sachwidrig.

— Art. 14 GG schütze nicht vor dem Auftreten eines neuen Konkurrenten, außer bei behördlicher Einräumung einer Monopolstellung[228].

Diese Positionen sind vom Bundesverwaltungsgericht erst kürzlich anläßlich des Streits um die Vereinbarkeit der kommunalen Wohnungsvermittlung mit dem Grundgesetz bekräftigt worden. Eine Grundrechtsverletzung sieht das Gericht erst dann als aktuell an, wenn ein „Verdrängungswettbewerb" durch die öffentliche Hand stattfindet oder wenn von einer „Auszehrung der (privatwirtschaftlichen) Konkurrenz" gesprochen werden könne[229].

Diese Linie des Bundesverwaltungsgerichts hat die Zustimmung anderer Oberverwaltungsgerichte gefunden, wobei namentlich erst der „Verdrängungswettbewerb" als Grundrechtseingriff angesehen wird[230]. Die Grundtendenz der höchstrichterlichen Rechtsprechung zu den Grenzen der wirtschaftlichen Betätigung der öffentlichen Hand ist somit durch zwei Entscheidungen des Bundesverwaltungsgerichts bestimmt worden. Ohne in eine Kritik im einzelnen einzutreten, sei jedoch schon an dieser Stelle bemerkt, daß das Bundesverwaltungsgericht sich für seine Rechtsauffassung zu Unrecht auf das Bundesverfassungsgericht beruft, das bislang zu der hier interessierenden Problemstellung noch nicht grundsätzlich Stellung bezogen hat. Die vom Bundesverwaltungsgericht zitierte Lumpensammler-Entscheidung des Bundesverfassungs-

---

[227] *BVerwGE* 17, 306.
[228] *BVerwGE* 39, 329.
[229] *BVerwG* DÖV 1978, 851.
[230] Vgl. *BayVGH* BayVBl. 1976, 628 (630) = JZ 1976, 641; *VGH Baden-Württemberg* Bad.-Württ. Verw.-Praxis 1978, 276 (277 r. Sp. o.).

gerichts betrifft keinen einschlägigen Fall. In dieser Entscheidung ging es nicht um die Betätigung der öffentlichen Hand, sondern einer kirchlichen Einrichtung, die ungeachtet der öffentlich-rechtlichen Organisation nicht zur unmittelbaren oder mittelbaren Staatsverwaltung gehört[231]. Daß aber für den Wettbewerb unter Privaten die zitierte Feststellung des Bundesverfassungsgerichts gilt, steht völlig außer Zweifel und ist ständige Rechtsprechung des Bundesverfassungsgerichts[232].

b) Stellungnahmen des Schrifttums

Das Bild des Schrifttums ist uneinheitlich und differenziert. Überwiegend wird auf der Grundlage der dargestellten Rechtsprechung des Bundesverwaltungsgerichts argumentiert, aber es finden sich durchaus unterschiedliche Ansätze und Schattierungen in den Grenzziehungen, die die Grundrechte der wirtschaftlichen Betätigung der öffentlichen Hand vermitteln. Es läßt sich weder eine klar ausgeformte herrschende Meinung konstatieren noch sind die Markierungen, wie weit die öffentliche Hand bei ihrer Beteiligung am wirtschaftlichen Wettbewerb gehen kann, deutlich erkennbar[233].

c) Zwischenbilanz

Die bisherigen Darlegungen haben gezeigt, daß man sich bei der Frage nach den grundgesetzlichen Grenzen der wirtschaftlichen Betätigung der öffentlichen Hand noch auf durchaus ungesichertem und weichem Gelände bewegt. Der Prozeß der Abklärung und Meinungsbildung ist in diesem Bereich noch keineswegs abgeschlossen. Zur Einschätzung neuer wirtschaftlicher Initiativen der öffentlichen Hand ist es deshalb nützlich und geboten, sich zu vergegenwärtigen, wie die grundrechtlichen Fragestellungen aussehen, um die gestritten wird. Eine Einzelbetrachtung erscheint deshalb unumgänglich.

d) Grundrecht der Berufsfreiheit, Art. 12 I GG

Im Mittelpunkt der Problematik betreffend die grundrechtliche Beschränkung der wirtschaftlichen Betätigung der öffentlichen Hand steht das Grundrecht der Berufsfreiheit gemäß Art. 12 I GG.

---

[231] Vgl. die Kritik bei *Hoffmann-Becking*, Die Begrenzung der wirtschaftlichen Betätigung der öffentlichen Hand durch Subsidiaritätsprinzip und Übermaßverbot, in: Festschrift für Hans J. Wolff, 1973, 445 ff. (456); *Isensee*, Privatwirtschaftliche Expansion öffentlich-rechtlicher Versicherer, DB 1979, S. 6.

[232] Vgl. BVerfGE 31, 8 (31); 34, 252 (256); 40, 196 (218 ff.).

[233] Vgl. die Übersichten bei *Wilke / Schachel*, Probleme fiskalischer Betätigung der öffentlichen Hand, in: Wirtschaft und Verwaltung, 1978, S. 95 ff.; *Grupp*, Wirtschaftliche Betätigung der öffentlichen Hand unter dem Grundgesetz, ZHR 140 (1976), S. 367 ff.

4. Begrenzung durch Grundrechte

aa) Beeinträchtigung des Schutzbereichs der Berufsfreiheit

Zunächst kann als Ausgangspunkt festgehalten werden, daß die wirtschaftliche Betätigung der öffentlichen Hand den Schutzbereich des Art. 12 Abs. 1 GG berühren kann, also thematisch unter dem Gesichtspunkt der Berufsfreiheit geprüft werden muß. Hiervon war das Bundesverwaltungsgericht in seinem ersten einschlägigen Urteil als selbstverständlich ausgegangen, indem es die Zulassung zur Mobiliarversicherung der Stufe der *Berufsausübung* zuordnete und demzufolge nach den „vernünftigen Erwägungen des Gemeinwohls" fragte, die es im zu entscheidenden Falle für gegeben erachtete. Das Bundesverwaltungsgericht wandte also die Drei-Stufen-Theorie des Bundesverfassungsgerichts an und erkannte damit die Betroffenheit des Schutzbereichs der Berufsfreiheit an[234].

Erst die zweite einschlägige Entscheidung des Bundesverwaltungsgerichts hat Zweifel an der thematischen Einschlägigkeit aufkommen lassen, wenn das Gericht lapidar ausführt: „Art. 12 Abs. 1 GG schützt nicht vor Konkurrenz, auch nicht vor dem Wettbewerb der öffentlichen Hand; das Grundgesetz garantiert der Privatwirtschaft nicht die Ausschließlichkeit des wirtschaftlichen Handelns[235]." Ob das Gericht mit dieser knappen Formel den Art. 12 Abs. 1 GG schlechthin als nicht einschlägige Grundrechtsnorm apostrophieren wollte, kann jedoch nicht ohne weiteres angenommen werden. Der Satz enthält wegen seines Mangels an Differenzierung Richtiges und Falsches.

Einen Fall, in dem die Konkurrenz der öffentlichen Hand das Grundrecht der Berufsfreiheit verletzt, nennt das Bundesverwaltungsgericht selbst, nämlich den, daß die wirtschaftliche Betätigung der öffentlichen Hand die privaten Unternehmen vom Markt verdrängt und jede private Konkurrenz unmöglich macht. Es kann deshalb nur die Frage sein, ob es neben der „Vernichtungskonkurrenz" noch andere Fälle minderer Intensität gibt, etwa die „illegitime oder übermäßige Konkurrenz" der öffentlichen Hand, die die wirtschaftliche Betätigung unter dem Gesichtspunkt der Berufsfreiheit ebenfalls unzulässig macht oder beschränkt. Die Aussage, Art. 12 Abs. 1 GG schütze nicht vor dem Wettbewerb der öffentlichen Hand, ist ohne solche differenzierenden Zusätze wertlos. Denn daß Art. 12 Abs. 1 GG schlechthin jede wirtschaftliche Betätigung, jede Teilnahme der öffentlichen Hand am Wettbewerb zwangsläufig versperrt, wird heute von niemandem ernsthaft vertreten. Es geht also von vornherein um nichts anderes als um be-

---

[234] *BVerwGE* 17, 306 (313), wo allerdings Beurteilungsgegenstand ein *Gesetz* war, welches den Zugang zum Markt eröffnete, nicht der faktische Vorgang der Teilnahme am Wettbewerb selbst.
[235] *BVerwGE* 39, 329 (336).

hutsame Grenzziehungen *innerhalb* des Schutzbereichs des Art. 12 Abs. 1 GG und nicht um ein Entweder/Oder.

Daß ein „Eingriff durch Konkurrenz" überhaupt möglich ist, mit anderen Worten: daß die öffentliche Wirtschaft als „Eingriff durch Konkurrenz" erscheinen *kann* und insoweit an Art. 12 Abs. 1 GG zu messen ist, sollte bei dem heutigen Stand der Grundrechtsentwicklung nicht mehr angezweifelt werden[236]. Denn es ist in der Grundrechtstheorie längst gesicherte Erkenntnis, daß Grundrechte nicht nur durch rechtliche Gebote und Verbote, sondern auch durch *faktische Beeinträchtigungen* der öffentlichen Hand geschmälert werden können[237]. Der Gedanke des Grundrechtseingriffs durch *tatsächliche Konkurrenz* ist also aus dieser Sicht durchaus keine fremde Vorstellung.

Zu verwerfen ist auch die andere Auffassung, die davon ausgeht, daß der Staat, wenn er sich am wirtschaftlichen Wettbewerb beteiligt, alle grundrechtlichen Fesseln abstreift, also in seinem Gebaren auch nicht nach Art. 12 Abs. 1 GG beurteilt werden darf. Diese Lehre entbehrt einer tragfähigen Begründung und befindet sich deswegen auch auf dem Rückzug[238]. Die Aufteilung der einheitlich verfaßten Staatlichkeit in einen grundrechtsbefreiten Fiskus und einen grundrechtsgebundenen Hoheitsträger findet in der Verfassung keine Grundlage. Der Staat bleibt stets derselbe, gleichgültig wo, auf welche Weise und in welcher Form er handelt[239]. Auch das „Staatsunternehmen ist nicht Unternehmen, sondern Staat"[240].

---

[236] Vgl. insoweit *Scholz*, AöR 97 (1972), 301 (305); *derselbe*, Gemeindliche Gebietsreform und regionale Energieversorgung, 1977, S. 75 ff.; *Hoffmann-Becking*, Die Begrenzung der wirtschaftlichen Betätigung der öffentlichen Hand durch Subsidiaritätsprinzip und Übermaßverbot, in: Festschrift für Hans J. Wolff, 1973, 445 (457 ff.); *Püttner*, Die öffentlichen Unternehmen, 1969, S. 141 ff.; *Lerche*, Wirtschaftliche Agenda der Gemeinden und Klagerecht Privater, JurA 1970 (ÖR II), 822 ff. (843 ff.); *Grupp*, Wirtschaftliche Betätigung der öffentlichen Hand unter dem Grundgesetz, ZHR 140 (1976), 367 ff. (383 ff.).

[237] Vgl. *Gallwas*, Faktische Beeinträchtigungen im Bereich der Grundrechte, 1970, bes. S. 106.

[238] Vgl. *Walter Mallmann*, Schranken nichthoheitlicher Verwaltung, VVDStRL 19 (1961), 165 ff. (201 ff.); *Konrad Hesse*, Grundzüge des Verfassungsrechts der Bundesrepublik Deutschland, 11. Aufl. 1978, S. 146; *Isensee*, Privatwirtschaftliche Expansion öffentlich-rechtlicher Versicherer, DB 1979, S. 5 mit FN 22.

[239] Vgl. bes. *Mallmann*, Schranken nichthoheitlicher Verwaltung, VVDStRL 19 (1961), 165 ff. (196 ff.).

[240] *Herbert Krüger*, Das Staatsunternehmen — Ort und Rolle in der Marktwirtschaft, ZBR 1979, 157; von dieser Grundauffassung ist auch der Beitrag von Bundesfinanzminister *Matthöfer*, Funktion der Bundesunternehmen in der Marktwirtschaft, Bulletin v. 26. 6. 1976, S. 1032 ff., getragen, wenn auf die Gemeinwohlverpflichtung abgehoben wird (S. 1035 r. Sp.); vgl. auch *Lerche*, Wirtschaftliche Agenda der Gemeinden und Klagerecht Privater, S. 845.

Nach allem kann also zunächst festgehalten werden, daß Art. 12 Abs. 1 GG für die Frage der grundrechtlichen Begrenzung wirtschaftlicher Betätigung durch die öffentliche Hand thematisch einschlägig ist.

bb) Stufenqualifikation

Der Eintritt der öffentlichen Hand in den wirtschaftlichen Wettbewerb bedeutet im Regelfalle nur eine Verminderung von Markt- und Erwerbschancen der Privatwirtschaft, also eine faktische Beeinträchtigung in der Berufsausübung. Insoweit ist die „öffentliche Wirtschaft" deshalb an *den* Legitimationsanforderungen zu messen, die das Bundesverfassungsgericht für die Ebene der Berufsausübung entwickelt hat. Danach ist die Teilnahme der öffentlichen Hand am wirtschaftlichen Wettbewerb unter dem Gesichtspunkt der Berufsfreiheit unbedenklich, wenn sie von „vernünftigen Erwägungen des Gemeinwohls" getragen ist.

An diese Feststellung knüpft sich zunächst die Folgerung, daß *„illegitime* Erwägungen" die Teilnahme der öffentlichen Hand am wirtschaftlichen Wettbewerb nicht rechtfertigen können. Als ein „illegitimer Teilnahmegrund" ist in früherem Zusammenhang das erwerbswirtschaftliche Gewinnstreben erachtet worden, sofern es als alleinige oder kardinale Motivation in Erscheinung tritt. Zweitens schließt sich die Frage an, wer berechtigt ist, die „vernünftigen Erwägungen des Gemeinwohls" zu definieren — der Gesetzgeber (allein) oder auch die Exekutive? Dieser Kompetenzfrage wird noch an späterer Stelle nachzugehen sein.

Da „vernünftige Erwägungen des Gemeinwohls" als Betätigungslegitimation für die öffentliche Hand kaum eine Hürde bilden dürften, ist im Ergebnis die These zutreffend, daß die Teilnahme der öffentlichen Hand am wirtschaftlichen Wettbewerb durch Art. 12 Abs. 1 GG prinzipiell nicht gehindert wird. Weiterhin ist selbstverständlich, daß Art. 12 Abs. 1 GG nicht den überkommenen Besitzstand an Marktanteilen oder Erwerbschancen schützen kann, denn sonst würde sich der Schutz der Wettbewerbsfreiheit in sein Gegenteil verkehren. Zum Wettbewerb gehören Gewinner und Verlierer. Der Wettbewerb soll gerade eine nach dem Leistungsprinzip funktionierende Auslesefunktion erfüllen. Für die Wettbewerbswirtschaft ist deshalb auch der Ruin von Unternehmen typisch. Art. 12 Abs. 1 GG schützt insoweit nicht die *individuelle* Betroffenheit des einzelnen Unternehmers, der aus dem Wettbewerb ausscheiden muß, sondern allein die *„generelle Betroffenheit aller typischerweise dem betreffenden Beruf oder Berufsbild zugehörigen Personen"*[241]. Eine Teilnahme der öffentlichen Hand am wirt-

---
[241] Vgl. *Scholz*, Gemeindliche Gebietsreform und regionale Energiever-

schaftlichen Wettbewerb ist demzufolge nicht schon dann wegen Art. 12 Abs. 1 GG unzulässig, wenn sie einzelne private Unternehmen vom Markt verdrängt, denn diese Folge ist für den Wettbewerb schlechthin systemimmanent. Anders ausgedrückt: Beschränkungen der Privatwirtschaft durch die Konkurrenz öffentlicher Unternehmen sind, sofern sich solche Beschränkungen auf der Ebene der Berufsausübung halten, stets unbedenklich, sofern sie durch „vernünftige Erwägungen des Gemeinwohls" legitimiert sind, auch dann, wenn die öffentliche Konkurrenz dazu führt, daß einzelne Unternehmen aus dem Wettbewerb ausscheiden müssen.

Sofern die Teilnahme der öffentlichen Hand am wirtschaftlichen Wettbewerb zu einer „generellen Betroffenheit aller typischerweise dem betreffenden Beruf oder Berufsbild zugehörigen Personen" führt, bewegt sich der „Eingriff durch Konkurrenz" bei folgerichtiger Anwendung der Drei-Stufen-Theorie auf die Stufe der Berufswahl zu, ohne sie jedoch voll erreichen zu müssen. Denn die „generelle Betroffenheit" kann ihrerseits wiederum unterschiedlich intensiv sein. Im Extremfalle kann sie dazu führen, daß ganze Berufsgruppen typischerweise vom Markt verdrängt werden. Bei einem solchen „Verdrängungswettbewerb" durch „Auszehrung der Konkurrenz" ist die Anwendbarkeit des Art. 12 Abs. 1 GG sogar nach der restriktiven Auffassung des Bundesverwaltungsgerichts unbestritten[242]. Jedoch sind die Modalitäten der Anwendung des Art. 12 Abs. 1 GG nicht klar. Die Drei-Stufen-Theorie ist für *gesetzlich angeordnete* Berufsbeschränkungen entwickelt worden und paßt deshalb nicht ohne weiteres auch auf faktische Beeinträchtigungen. Eine sachangemessene „analoge" Anwendung der Drei-Stufen-Theorie auf faktische Beeinträchtigungen führt zu folgenden Differenzierungen.

Erster Fall: Sofern der „Eingriff durch Konkurrenz" zu einer generellen Verdrängung der Privatwirtschaft führt, liegt praktisch eine Situation vor, die der gesetzlichen Aufgabenmonopolisierung vergleichbar ist. Es handelt sich um einen Eingriff, der den strengen Legitimationsanforderungen der dritten Stufe genügen, also erforderlich sein muß zur „Abwehr schwerer und nachweisbarer Gefahren für ein überragend wichtiges Gemeinschaftsgut".

Zweiter Fall: Der „Eingriff durch Konkurrenz" hat keinen monopolisierenden Effekt, aber auch nicht nur die Wirkung „individueller Betroffenheit" im soeben dargestellten Sinne. Vielmehr bewegt sich der Eingriff in seinen Auswirkungen schon in den Dimensionen der

---

sorgung, 1977, S. 76 unter Hinweis auf *BVerfGE* 30, 292 (314 f.); 33, 171 (188 f.); 36, 383 (400); 37, 1 (22); 38, 61 (95); 40, 196 (224); kritisch: *Selmer,* Generelle Norm und individueller Grundrechtsschutz, DÖV 1972, 551 ff.

[242] Zuletzt *BVerwG* DÖV 1978, 851.

generellen Betroffenheit, ohne aber den Grad totaler Marktverdrängung zu erreichen. Diesen Fall kann man nicht ohne weiteres im Drei-Stufen-System unterbringen. Man wird ihn in einer Übergangszone zwischen Berufsausübung und Berufswahl anzusiedeln haben. Beispiele einer solchen „Zwischenlage" gibt es nebenbei bemerkt auch schon in der herkömmlichen Drei-Stufen-Theorie. Denn es zeigte sich bereits früh, daß die Stufen der Berufswahl und der Berufsausübung nicht immer klar voneinander abgegrenzt werden können[243]. Die verfassungsrechtliche Würdigung solcher Fälle ist praktisch unter Heranziehung des Grundsatzes der Verhältnismäßigkeit gelöst worden, der als Regulativ bei der Anwendung der Drei-Stufen-Theorie fungiert und gleitende Intensitäten für die Legitimationsanforderungen ermöglicht, die bei der Beurteilung von Beschränkungen der Berufsfreiheit zu fordern sind. Dies bedeutet, daß bei „generellen Betroffenheiten", die noch nicht den Grad einer „totalen Verdrängung" erreichen, ebenfalls Legitimationsanforderungen zu stellen sind, die zwischen den „vernünftigen Erwägungen des Gemeinwohls" und den „überragenden Gemeinschaftsgütern" liegen.

cc) Folgerungen

Aus den bisherigen Überlegungen folgt, daß eine Anwendung des Art. 12 Abs. 1 GG auf „Eingriffe durch Konkurrenz" im Regelfalle (lediglich) eine unterschiedlich gestufte Legitimationskontrolle, aber prinzipiell keine Betätigungssperre der öffentlichen Wirtschaft bewirkt. Nur bei einem Verdrängungswettbewerb mit monopolistischem Effekt wird der Legitimationszwang so stark, daß er mit einiger Wahrscheinlichkeit, aber nicht notwendig, in eine (partielle) Funktionssperre umschlagen kann.

dd) Grundsatz der Verhältnismäßigkeit

Das vorstehende Ergebnis wird weithin als zu mager empfunden, um mit rationalen Kriterien einer beliebigen Ausdehnung der öffentlichen Wirtschaft wirksame Grenzen zu setzen. Deshalb wird als weiterer Eingrenzungsmaßstab das Übermaßverbot eingesetzt[244]. Dies liegt nahe, weil der Grundsatz der Verhältnismäßigkeit als Verfassungs-

---

[243] Vgl. *BVerfGE* 11, 30 (43) (Kassenarzt-Urteil).
[244] Vgl. insbesondere *Scholz*, Öffentliche Privatversicherung unter der grundgesetzlichen Wirtschafts- und Sozialverfassung, in: Festschrift für Karl Sieg, 1976, S. 507 ff. (524 ff.); *derselbe*, Gemeindliche Gebietsreform und regionale Energieversorgung, 1977, S. 78 ff.; *Grupp*, Wirtschaftliche Betätigung der öffentlichen Hand unter dem Grundgesetz, ZHR 140 (1976), 367 ff. (386 ff.); *Hoffmann-Becking*, Die Begrenzung der wirtschaftlichen Betätigung der öffentlichen Hand durch Subsidiaritätsprinzip und Übermaßverbot, in: Festschrift für Hans J. Wolff, 1973, S. 445 ff.

grundsatz die Grundrechtsanwendung schlechthin dirigiert und vom Bundesverfassungsgericht namentlich bei der Praktizierung der Drei-Stufen-Theorie im Zusammenhang mit Art. 12 Abs. 1 GG eingesetzt worden ist[245]. Die folgerichtige Anwendung des Grundsatzes der Verhältnismäßigkeit führt dazu, daß die Teilnahme der öffentlichen Hand am wirtschaftlichen Wettbewerb stets auch daraufhin zu überprüfen ist, ob sie zur Erfüllung des betreffenden öffentlichen Zwecks „geeignet" und — etwa mangels nicht ausreichender Gewährleistung durch die Privatwirtschaft — auch „notwendig" erscheint. Darüber hinaus müßte entsprechend dem Grundsatz der Verhältnismäßigkeit im engeren Sinne die öffentliche Wirtschaftsbetätigung mit ihren Zwecken und Zielen zu dem durch sie verursachten Grundrechtseingriff in Beziehung gesetzt werden, um festzustellen, ob insoweit kein Übermaß entsteht. Mit einer solchen Prüfung gelangt die Anwendung der Grundrechte auf die wirtschaftliche Betätigung der öffentlichen Hand bereits in eine starke Berührung mit dem Subsidiaritätsprinzip[246]. Die Gleichrangigkeit der Wirtschaftsbetätigung von Privatwirtschaft und öffentlicher Hand, die man auch im Hinblick auf Art. 12 Abs. 1 GG immer wieder betont, wird damit fragwürdig[247]. Sieht man von all dem ab, so wird auch die verstärkende Heranziehung des Grundsatzes der Verhältnismäßigkeit letztlich keine Funktionssperre, sondern nur eine Verschärfung des Legitimationsdrucks für die öffentliche Hand bewirken, wenn sie in den Wirtschaftsprozeß eintreten oder sich in andere Wettbewerbsbereiche ausdehnen will.

e) Eigentumsgarantie, Art. 14 GG

Noch ungesicherter sind die Grenzziehungen, die für die wirtschaftliche Betätigung der öffentlichen Hand aus der Eigentumsgarantie abgeleitet werden. Geht man zunächst von der Tatbestandsstruktur der Eigentumsgarantie aus, so ergeben sich folgende Erwägungen.

aa) Faktische Beeinträchtigung des Schutzbereichs

Als eigentumsgeschützte Rechtsposition gilt nach unangefochtener höchstrichterlicher Rechtsprechung der „eingerichtete und ausgeübte Gewerbebetrieb"[248]. Zum Gewerbebetrieb gehören nicht nur die Be-

---

[245] Vgl. *Grabitz*, Der Grundsatz der Verhältnismäßigkeit in der Rechtsprechung des Bundesverfassungsgerichts, AöR 98 (1973), 568 ff.

[246] Vgl. *Hoffmann-Becking* (FN 244), S. 449; anders *Grupp* (FN 244), S. 388 FN 129.

[247] Dieser Gesichtspunkt ist m. E. bei *Scholz*, Gemeindliche Gebietsreform und regionale Energieversorgung, 1977, einerseits S. 75 andererseits S. 78 nicht gebührend beachtet, was wohl daran liegt, daß dieser Autor vom Übermaßverbot sofort zu einem Kompensationsmodell übergeht, das in eine Kooperation von Privatwirtschaft und öffentlicher Wirtschaft einmündet.

4. Begrenzung durch Grundrechte

triebsgrundstücke und -räume sowie die Einrichtungsgegenstände, die Warenvorräte und Außenstände; dazu gehören auch geschäftliche Verbindungen, Beziehungen, der Kundenstamm, kurz alles das, was in seiner Gesamtheit den wirtschaftlichen Wert des konkreten Gewerbebetriebes ausmacht[249]. Gewährleistet wird die „Sach- und Rechtsgesamtheit"[250] des Betriebs in ihrer „Substanz", d. h. das ungestörte Funktionieren des Betriebsorganismus, dessen Beeinträchtigung den Verfügungsberechtigten daran hindert, von der in dem Unternehmen verkörperten Organisation sachlicher und persönlicher Mittel den bestimmungsgemäßen Gebrauch zu machen.

Doch ist mit solchen Definitionen und Umschreibungen noch nicht viel gewonnen. Denn der „Betriebsorganismus" ist keine statische Größe, sondern infolge der Einbindung in den Wettbewerb mit anderen Unternehmen ständigen Veränderungen unterworfen. Geschützt wird der „eingerichtete und ausgeübte Gewerbebetrieb" nach Art. 14 GG nur in seinem „aktuellen Vermögensbestand". Daraus folgt, daß alle Elemente, die sich noch nicht zu solchen aktuellen Vermögensbestandteilen des Gewerbetriebes verdichtet haben, wie Erwerbsmöglichkeiten, Gewinnaussichten, Chancen, Lagevorteile, gesetzliche Begünstigungsreflexe aus dem Eigentumsschutz ausscheiden.

Schon aus dieser Sicht ergeben sich erste Schwierigkeiten, faktische Beeinträchtigungen privater Gewerbetriebe durch wirtschaftliche Konkurrenz der öffentlichen Hand als „Eingriffe" in eine eigentumsgeschützte Rechtsposition zu identifizieren. Allerdings könnte man daran denken, als konkretes aktuelles Vermögenselement des Gewerbebetriebes den Kundenstamm als beeinträchtigt zu erachten, zumal der Kundenstamm von der Rechtsprechung ausdrücklich als Bestandteil des eingerichteten und ausgeübten Gewerbebetriebs deklariert wird. Aber eine konkrete Erfassung dieses Vermögenselementes bereitet erhebliche Schwierigkeiten. Wohl läßt sich der existierende Kundenstamm bei einer Liquidation des Gewerbebetriebes im Rahmen einer good-will-Berechnung noch vermögensmäßig erfassen.

Jedoch ergibt sich die Frage, wie jener Fall zu beurteilen ist, in welchem der Kundenstamm nicht völlig genommen, sondern nur — möglicherweise erheblich — geschmälert wird. Wenn man der öffentlichen Hand im Rahmen des Art. 12 Abs. 1 GG eine „gleichrangige Marktbetätigungschance" konzediert[251], wenn man des weiteren die

---
[248] Vgl. *Ossenbühl*, Staatshaftungsrecht, 2. Aufl. 1978, S. 108; *Kreft*, Der Gewerbebetrieb als verfassungsrechtlich geschütztes Eigentum nach der Rechtsprechung des BGH, WM 1977, 382.
[249] *BGHZ* 23, 157 (162); 45, 150 (155).
[250] *BVerfGE* 1, 264; 13, 225 (229).
[251] Vgl. in diesem Sinne etwa *Scholz*, Gemeindliche Gebietsreform und regionale Energieversorgung, 1977, S. 75.

(ständige) Veränderung des Kundenstammes eines Unternehmens als dem wirtschaftlichen Wettbewerb systemimmanent erachtet, dann erscheint es widersprüchlich, die auf diese Weise entstehende Veränderung des Kundenstammes bei einem Privatunternehmen als Beeinträchtigung von Eigentumspositionen zu qualifizieren.

Dies besagt nicht, daß der Kundenstamm schlechthin nicht als aktueller Vermögensbestandteil des Gewerbetriebes angesehen werden könnte. Aber entscheidend dürfte sein, *auf welche Weise* die öffentliche Hand in diesen Kundenstamm eingreift. Tut sie dies, indem sie durch den Bau von Infrastrukturanlagen (Straßen, U-Bahn etc.) den Kontakt zu den Kunden abschneidet, so liegt unter hier nicht näher zu betrachtenden weiteren Voraussetzungen unzweifelhaft ein Eingriff in das Eigentum des Gewerbetreibenden vor[252]. Ist aber der Kundenstamm von vornherein als eine veränderbare Größe in den Zusammenhang eines wirtschaftlichen Wettbewerbs gestellt, an dem sich Privatunternehmen und öffentliche Hand legitimerweise beteiligen, so sind Schmälerungen des Kundenstammes des Konkurrenten prinzipiell keine Eigentumseingriffe, sondern *Prämien des erfolgreicheren Konkurrenten im wirtschaftlichen Wettbewerb*. Eine solche Wettbewerbs-Prämie ist aber prinzipiell entschädigungsfeindlich. Denn der Kundenstamm wird dem Privatunternehmen nicht (hoheitlich) „genommen", sondern im Konkurrenzkampf von der öffentlichen Hand „verdient". Und es kann dann nur die Frage sein, ob dieser Konkurrenzkampf fair, d. h. mit verfassungsrechtlicher Legitimation und ohne staatliche Übermacht gleich welcher Art geführt worden ist. Der legitim und fair geführte Konkurrenzkampf ist jedoch kein Problem des Eigentumsschutzes[253]. Dies wäre ein Widerspruch in sich. Es gibt nur die Alternative: *entweder* die Konkurrenz der öffentlichen Hand unter den Kautelen des Art. 12 Abs. 1 GG zuzulassen, dann aber auch mit den genannten wirtschaftlichen Konsequenzen, *oder* die öffentliche Hand gänzlich aus dem wirtschaftlichen Wettbewerb herauszuhalten. Deshalb scheint mir im Grundsatz die vom Bundesverfassungsgericht vorgenommene Parallelisierung des Grundrechtsschutzes durch Art. 12 Abs. 1 und Art. 14 Abs. 1 GG trotz der von *Scholz* vorgetragenen Einwände folgerichtig[254].

---

[252] Vgl Näheres bei *Ossenbühl*, Staatshaftungsrecht, 2. Aufl. 1978, S. 111 ff.

[253] Im Ergebnis ebenso, allerdings mit unterschiedlicher Begründung die ganz überwiegende Meinung anläßlich des Streits um die Zulässigkeit des Werbefernsehens: vgl. *Peter Lerche*, Rechtsprobleme des Werbefernsehens, 1965, S. 34 („bloße Erwerbschance"); *Hans Schneider*, Werbung im Rundfunk, 1965, S. 28 („kein Konkurrenzschutz"); *Theodor Maunz*, Die Gesetzmäßigkeit des Werbefernsehens, BayVBl. 1957, 4 ff. (8) (keine Störung des „Gewerbebetriebs" anderer); *Ernst Forsthoff*, Rechtsfragen der Werbesendungen im Fernsehen, DÖV 1957, 97 ff. (99) („Wettbewerbschance"); *Hans Peter Ipsen*, Zur Legalität des Werbefernsehens, NJW 1963, 2049 (2056); anderer Auffassung: *Walter Leisner*, Werbefernsehen und öffentliches Recht, 1967, 183 ff.

bb) „Eingriff"

Die Eigentumsgarantie des Art. 14 GG schützt vor hoheitlichen „Eingriffen". Damit ist ein zweites Problem angesprochen, welches einer Mobilisierung des Art. 14 GG gegen eine wirtschaftliche Betätigung der öffentlichen Hand entgegenstehen kann.

Allerdings ist das Finalitätsmerkmal inzwischen entfallen. An die Stelle des gezielten hoheitlichen Eingriffs ist die „unmittelbare Auswirkung" der hoheitlichen Maßnahme getreten[255]. Die entscheidende Frage lautet demnach, ob die Beeinträchtigung des Gewerbebetriebes eines Privatunternehmers durch den wirtschaftlichen Wettbewerb mit der öffentlichen Hand sich als *„unmittelbare* Auswirkung" hoheitlichen Handelns erweist oder erweisen kann. Hierbei ist davon auszugehen, daß sich auch die wirtschaftliche Betätigung der öffentlichen Hand als „hoheitliches" Handeln darstellt. Die Problematik liegt in der „Unmittelbarkeit" der Auswirkung. Der Bundesgerichtshof hat den gezielten Eingriff durch die „unmittelbare Auswirkung" ersetzt, um neu auftretende entschädigungsbedürftige Fälle enteignungsrechtlich erfassen zu können. Inzwischen hat sich jedoch gezeigt, daß der Bundesgerichtshof mit der Aufgabe der Finalität als prägendes Tatbestandselement eine abschüssige Bahn betreten hat, die leicht ins Uferlose führen kann. Deshalb ist in der neueren Rechtsprechung eine Tendenz der Rückorientierung zur Eingriffsfinalität zu registrieren[256]. Sieht man einmal von Feinheiten dieser komplizierten Rechtsprechung ab, so ist jedenfalls festzuhalten, daß neuere Entscheidungen des Bundesgerichtshofs den Begriff der „Unmittelbarkeit" sehr restriktiv verstehen, auch wenn sie bislang klare Definitionen nicht zu geben vermocht haben. Auf den vorliegenden Fall projiziert, müßte die Frage gestellt werden, ob etwa die Schmälerung des Kundenstamms eines Privatunternehmens durch ein konkurrierendes öffentliches Unternehmen als „unmittelbare Auswirkung" der wirtschaftlichen Betätigung der öffentlichen Hand qualifiziert werden kann. Diese Frage läßt sich wegen der mit der Anwendung des Kriteriums der „Unmittelbarkeit" verbundenen Wertungen, die nur im Hinblick auf den konkreten Einzelfall möglich sind[257], kaum generell beantworten. Indessen läßt sich folgendes festhalten. Schmälerungen des Kundenstammes sind Wettbewerbserfolge, die nicht allein durch das Geschäftsgebaren eines Unternehmens eintreten. Eine Veränderung des Kundenstammes beruht „unmittelbar" (erst) auf dem Entschluß des einzelnen Kunden selbst,

---
[254] Vgl. *Scholz*, Gemeindliche Gebietsreform und regionale Energieversorgung, 1977, S. 76.
[255] Vgl. *Ossenbühl*, Staatshaftungsrecht, 2. Aufl. 1978, S. 153 ff.
[256] Vgl. *Ossenbühl*, Staatshaftungsrecht, 2. Aufl. 1978, S. 155.
[257] Vgl. *BGHZ* 55, 229 (231).

den Lieferanten zu wechseln. Die wirtschaftliche Betätigung eines Unternehmens (Leistungsfähigkeit, Solidität, Werbung, Preispolitik, Kundendienst etc.) ist für diesen Kundenentschluß Motivation und Ursache, jedoch genügt ein solcher adäquater Ursachenzusammenhang nicht, um auch eine „unmittelbare Auswirkung" anzunehmen[258]. Tritt der Schaden erst „bei Hinzutreten weiterer Umstände" ein, so fehlt es an der „Unmittelbarkeit". Nach der Einschätzung aufgrund der vorliegenden höchstrichterlichen Rechtsprechung wird man generell sagen können, daß ein solches „Hinzutreten weiterer Umstände" im Entschluß des Kunden, den Lieferanten zu wechseln, erblickt würde.

Daraus ergibt sich, daß nicht nur unter dem Gesichtspunkt des Vorliegens einer eigentumsfähigen Rechtsposition, sondern auch unter dem Gesichtspunkt des „Eingriffs" erhebliche Schwierigkeiten bestehen, die wirtschaftliche Betätigung der öffentlichen Hand mit Hilfe der Eigentumsgarantie zu begrenzen.

f) „Unternehmerfreiheit", Art. 2 Abs. 1 GG

Die „Unternehmerfreiheit" ist im Grundgesetz nicht als besonderes Grundrecht ausgeformt. Mit dem Begriff der „Unternehmerfreiheit" wird ein freiheitlicher Handlungsspielraum auf wirtschaftlichem Gebiet erfaßt, der die Möglichkeit zur Entfaltung freier Unternehmerinitiative sichern soll. Der damit umrissene Bereich unternehmerischer Wirtschaftsfreiheit wird durch mehrere Grundrechte abgedeckt, namentlich durch Art. 12 und Art. 14, aber auch durch Art. 2 Abs. 1 GG[259].

Die „Unternehmerfreiheit" ist also in diesem Sinne kein selbständiges Grundrecht und demzufolge bei einer Grundrechtsprüfung nur in den Einzelverbürgungen faßbar. Dies bedeutet, daß Beschränkungen der „Unternehmerfreiheit" sich thematisch in Art. 12, aber je nach Sachlage auch in Art. 14 GG festmachen lassen. Neben diesen beiden Vorschriften ist als Grundlage der Unternehmerfreiheit jedoch auch Art. 2 Abs. 1 GG heranzuziehen. Diese Grundrechtsvorschrift scheidet also, sofern die Spezialfreiheiten der Art. 12 und 14 GG einschlägig sind, nicht schon thematisch aus der Betrachtung aus. Vielmehr behält Art. 2 Abs. 1 GG für die Handlungsfreiheit auf wirtschaftlichem Gebiet ein eigenes Anwendungsfeld. Wie das Bundesverfassungsgericht mehrfach ausgesprochen hat, gewährleistet Art. 2 Abs. 1 GG die Handlungsfreiheit auf wirtschaftlichem Gebiet und sichert zudem, daß „ein angemessener Spielraum zur Entfaltung der Unternehmerinitiative" unantastbar bleibt[260].

---

[258] Vgl. *BGHZ* 55, 229 (231).
[259] Vgl. *Hans Peter Ipsen*, Kartellrechtliche Preiskontrolle als Verfassungsfrage, 1976, S. 79 ff.; aus der Rechtsprechung jüngst *BVerfGE* 50, 290 (366) (Mitbestimmungs-Urteil).

Allerdings ist auch diese Handlungsfreiheit nur in den in Art. 2 Abs. 1 GG genannten Schranken gewährt, wozu namentlich die „verfassungsmäßige Ordnung" gehört. Zur verfassungsmäßigen Ordnung in diesem Sinne zählen zum einen Gesetze, die Zwecke des Gemeinwohls verfolgen, mit dem Grundgesetz in Einklang stehen und der Entfaltung der Unternehmerinitiative einen angemessenen Spielraum belassen. Für *faktische Beeinträchtigungen* der „Unternehmerfreiheit", die nicht schon durch Art. 12 und 14 GG erfaßt sind, wird man dieselben Anforderungen zu stellen haben. Faktische Beeinträchtigungen sind deshalb unter dem Gesichtspunkt der in Art. 2 Abs. 1 GG garantierten wirtschaftlichen Handlungsfreiheit zulässig, wenn sie Zwecke des Gemeinwohls verfolgen, mit dem Grundgesetz in Einklang stehen und der Entfaltung der Unternehmerinitiative einen angemessenen Spielraum lassen.

Mit diesen Kriterien ist letztlich wiederum auf den Legitimationszwang für die wirtschaftliche Betätigung der öffentlichen Hand und auf den Grundsatz der Verhältnismäßigkeit verwiesen, die bereits in früherem Zusammenhang erörtert worden sind. Neue Problemperspektiven sind also durch den Rückgriff auf Art. 2 Abs. 1 GG nicht eröffnet.

g) Chancengleichheit im Wettbewerb, Art. 3 Abs. 1 GG

Nach der Rechtsprechung des Bundesverwaltungsgerichts gibt es keinen generellen Anspruch auf Chancengleichheit, aus dem sich Bedenken ganz allgemein gegen die wirtschaftliche Betätigung der öffentlichen Hand herleiten ließen. Im Bereich des Nebeneinanders von privater und öffentlicher Wirtschaft wirkt Art. 3 Abs. 1 GG nur als Willkürverbot. Als solches verbietet Art. 3 Abs. 1 GG „nur sachlich unbegründete rechtliche Differenzierungen zum Vorteil des öffentlichen Unternehmens"[261]. Gegen diesen Ansatz sind im Schrifttum Bedenken erhoben worden. Wettbewerbsgleichheit, so wird eingewandt, sei zwischen Privaten und Staat auch dann nicht gegeben, wenn der Staat sich im Einzelfall keine sachwidrigen Privilegien vorbehält[262]. Indessen braucht für die Zwecke dieser Untersuchung auf diese Gegenmeinung nicht eingegangen zu werden. Im Ergebnis endet sie nämlich nicht etwa bei einer aus der angenommenen Ungleichheit resultierenden allgemeinen Betätigungssperre der öffentlichen Hand in der Wirtschaft, sondern bei einem (bloßen) Begründungs- und Legitimationsgebot. Insoweit bestehen jedoch zur Rechtsprechung des Bundesverwaltungsgerichts keine gewichtigen Unterschiede.

---

[260] *BVerfGE* 50, 290 (366).
[261] *BVerwGE* 17, 306 (311); 39, 329 (337).
[262] Vgl. *Isensee*, Privatwirtschaftliche Expansion öffentlich-rechtlicher Versicherer, DB 1979, S. 5.

h) Ergebnis zu 4.

Die Frage nach den Begrenzungen der wirtschaftlichen Betätigung der öffentlichen Hand durch die Grundrechte läßt sich nach den vorstehenden Untersuchungen also wie folgt beantworten:

Die Grundrechte implizieren keine generelle Zugangssperre der öffentlichen Hand für die Teilnahme am allgemeinen wirtschaftlichen Wettbewerb. Jedoch ist das wirtschaftliche Verhalten der öffentlichen Hand an den Grundrechten zu messen und zu orientieren. Diese Grundrechtsorientierung führt dazu, daß die öffentliche Hand die Aufnahme und Erweiterung ihrer wirtschaftlichen Agenden stets durch öffentliche Zwecke legitimieren muß. Die Legitimationsanforderungen sind je nach den Auswirkungen auf die Privatwirtschaft unterschiedlich streng ausgeprägt. Die wirtschaftliche Betätigung der öffentlichen Hand findet nach der Rechtsprechung ihre Schranke im Verbot des Vernichtungswettbewerbs.

5. Kompetenzrechtliche Begrenzungen

Begrenzungen der wirtschaftlichen Betätigung der DBP können sich ferner aus kompetenzrechtlichen Erwägungen ergeben. Solche Erwägungen sind in mehreren Richtungen anzustellen. Zum einen geht es um die Frage der *Verbandskompetenz* des Bundes zur Sozialwirtschaft. Insoweit steht das Kompetenzproblem im föderalistischen Spannungsfeld; abzugrenzen sind die Kompetenzbereiche zwischen Bund und Ländern. Dürfen Bund und Länder nebeneinander wirtschaftlich tätig werden oder bestehen insoweit Begrenzungen, die sich aus dem grundgesetzlichen Kompetenzsystem ergeben?

Zum andern ist die Frage nach der *Organkompetenz* zu stellen. Wenn und soweit der Bund zur wirtschaftlichen Betätigung befugt ist, muß eine Entscheidung getroffen werden, ob und auf welche Weise der Bund von dieser Befugnis Gebrauch machen will. Ist hierfür eine Entscheidung des Bundestages in Gestalt eines förmlichen Gesetzes nötig oder kann darüber die Regierung aus eigener Kompetenz entscheiden (Problem des Gesetzesvorbehaltes)? Ferner: Falls eine originäre Kompetenz der Exekutive gegeben sein sollte, kann die notwendige Entscheidung dann von dem jeweiligen Ressort getroffen werden oder ist ein Beschluß der Bundesregierung oder eine Entscheidung des Bundeskanzlers erforderlich?

5. Kompetenzrechtliche Begrenzungen

a) Verbandskompetenz zur Sozialwirtschaft

Mit der Frage nach der Verbandskompetenz im Bereich der "Verwaltung durch wirtschaftliche Unternehmen"[263] betritt man ein unwegsames Gelände, das von den meisten Autoren gemieden wird[264]. Die Antwort auf die Frage der Verbandskompetenz glaubt man einhellig dem Art. 30 GG entnehmen zu müssen. Nach dieser Verfassungsvorschrift ist die "Ausübung der staatlichen Befugnisse und die Erfüllung der staatlichen Aufgaben" Sache der Länder, soweit das Grundgesetz keine andere Regelung trifft oder zuläßt. Die "Bundes-Verwaltung durch wirtschaftliche Unternehmen" bedarf also, wenn man die Lösung in der vorgenannten Grundgesetzvorschrift erblickt, stets eines besonderen grundgesetzlichen Kompetenztitels oder doch eines plausiblen grundgesetzlichen Unbedenklichkeitsattestes ("zuläßt").

Um diesen kompetentiellen Rechtfertigungszwang aufzulockern, wird zunächst versucht, bestimmte Wirtschaftsbereiche, wie die Fiskalverwaltung und die Erwerbswirtschaft, abzuschichten und aus dem Anwendungsbereich der Kompetenz-Auffangnorm des Art. 30 GG zu eliminieren[265]. Mit einer solchen Auffassung können dem Bund aber weder aus tatsächlichen noch aus rechtlichen Gründen Räume legitimer wirtschaftlicher Betätigung erschlossen werden. Denn einmal ist die Erwerbswirtschaft in der Praxis selten, weil die meisten Unternehmen zusätzlich oder ausschließlich wirtschaftsinterventionistischen, sozialen, entwicklungspolitischen, technologiepolitischen oder strukturpolitischen Zielen dienen, die vom Bund den Unternehmen als staatliche Aufgaben und Zwecke vorgegeben sind[266]. Dadurch sind die betreffenden Unternehmen in den Dienst der Erfüllung staatlicher Aufgaben gestellt und der "mittelbaren Bundesverwaltung" im weiteren Sinne zuzuordnen[267]. Zum anderen ist, wie bereits früher dargetan, die reine Erwerbswirtschaft des Staates verfassungsrechtlich unzulässig.

Ein weiterer Ausgrenzungsversuch setzt bei der Unterscheidung zwischen "gesetzesvollziehender" und "gesetzesfreier Verwaltung" an. Die grundgesetzlichen Kompetenznormen der Art. 30, 83 ff. sollen danach nur für die gesetzesvollziehende Verwaltung gelten, nicht aber

---

[263] Vgl. *Stern / Püttner*, Die Gemeindewirtschaft — Recht und Realität, 1965, S. 120.

[264] Nähere Erörterungen findet man bei *Püttner*, Die öffentlichen Unternehmen, 1969, S. 232 ff.

[265] Vgl. in diesem Sinne *von Mangoldt / Klein*, Das Bonner Grundgesetz, II, 1966, Art. 30 Anm. III 1b (S. 750); *Gubelt*, in: von Münch (Hrsg.), Grundgesetz, Kommentar, Art. 30 Rdnr. 5.

[266] Vgl. *Matthöfer*, Funktion der Bundesunternehmen in der Marktwirtschaft, Bulletin vom 26. 9. 1979, Nr. 111 S. 1032 ff.

[267] Vgl. *Stern / Püttner*, Gemeindewirtschaft — Recht und Realität, 1965, S. 120 ff.; *Püttner*, Die öffentlichen Unternehmen, 1969, S. 235.

für die gesetzesfreie Verwaltung. Auf diese Weise können jene Bundesunternehmen legitimiert werden, die sich nicht in den Zusammenhang eines Gesetzesvollzuges bringen lassen; sie wären thematisch nicht von Art. 30 GG erfaßt[268]. Indessen hat das Bundesverfassungsgericht mehrfach klar zum Ausdruck gebracht, daß Art. 30 GG „sowohl für die gesetzesakzessorische wie für die ‚gesetzesfreie' Erfüllung öffentlicher Aufgaben" gilt und die Art. 83 ff. GG auch die „nicht-gesetzesausführende Bundesverwaltung" regeln[269]. In der Tat ergäbe die genannte Zweiteilung für die Kompetenzfrage keinen Sinn, abgesehen davon, daß sie weitere kaum lösbare Abgrenzungsprobleme schafft[270].

Eine andere Richtung qualifiziert auch die „Verwaltung durch Unternehmen" als „Erfüllung staatlicher Aufgaben" im Sinne des Art. 30 GG und unterstellt damit die wirtschaftliche Betätigung von Bund und Ländern den allgemeinen Kompetenzregeln des Grundgesetzes[271]. Diese Auffassung ist ebenso konsequent wie folgenreich. Aber über die Folgen verhält sie sich nicht. — Diese bestehen darin, daß der Bund keine Versorgungsunternehmen, keine Verkehrsunternehmen außerhalb der Bundesbahn, keine Arbeitsbeschaffungsunternehmen etc. betreiben dürfte, so daß ein großer Teil der bestehenden Bundesunternehmen als verfassungswidrig eingestuft werden müßte[272]. Um dieser „in ihrem Ergebnis bedenklichen Schlußfolgerung" zu entgehen, stellt *Püttner* die These auf, daß „allgemeine öffentliche Aufgaben wie die Sozialgestaltung und Förderung sozial Schwacher (Sozialstaat), die Sicherung der Arbeitsplätze oder die Förderung von Wirtschaft und Verkehr" durch Art. 30 GG nicht primär den Ländern zugewiesen würden; vielmehr seien „alle Verwaltungsträger mit umfassender Zuständigkeit", womit die Gebietskörperschaften gemeint sind, berechtigt, „Unternehmen mit erwerbswirtschaftlicher oder gemeinwirtschaftlicher Zielsetzung allgemeiner Art" zu unterhalten[273]. Die Grenzen einer wirtschaftlichen Betätigung sieht *Püttner* erst dort erreicht, wo die unternehmerische Aktivität in „unmittelbar verwaltende Tätigkeit" umschlägt und damit die Kompetenzordnung der Art. 83 ff. GG tangiert.

Die Konzeption *Püttners* ist zwar undeutlich formuliert (Was sind „allgemeine öffentliche Aufgaben"?), aber sie macht doch wenigstens

---

[268] Vgl. dazu mit Nachweisen *Püttner* (FN 267), S. 233.
[269] Zuerst Fernsehurteil: BVerfGE 12, 205 (246 f.); bestätigt in BVerfGE 22, 180 (217).
[270] Vgl. *Püttner* (FN 267), S. 234.
[271] Vgl. *Mallmann*, Schranken nichthoheitlicher Verwaltung, VVDStRL 19 (1961), 165 (199 f.); *Wilke / Schachel*, Probleme fiskalischer Betätigung der öffentlichen Hand, in: Wirtschaft und Verwaltung 1978, S. 113.
[272] Vgl. *Püttner* (FN 267), S. 235 f.
[273] Ebd., S. 236.

den begrüßenswerten Versuch, keine messerscharfen juristischen Schlüsse an der Verfassungswirklichkeit vorbeizuziehen und der Verfassungstradition und dem in offenbar allgemeiner Rechtsüberzeugung Gewordenen rundweg die Legitimität abzusprechen. Das in dem Widerspruch zwischen folgerichtiger Ableitung eines juristischen Ergebnisses und Verfassungs- und Verwaltungswirklichkeit liegende Dilemma hat letztlich seine Ursache darin, daß der Gedanke der Staatsaufgabenerfüllung durch wirtschaftliche Unternehmen, die Zuordnung öffentlicher Unternehmen zur Verwaltung und die Qualifizierung unternehmerischer Tätigkeit als Verwaltungshandeln erst nach Inkrafttreten des Grundgesetzes zur deutlichen Ausformung gelangt ist. Der Grundgesetzgeber selbst hat die Teilnahme des Staates am wirtschaftlichen Wettbewerb nicht als „Hoheitsagende" besonders erfaßt, sondern dürfte davon ausgegangen sein, daß es sich hier um einen Bereich handelt, der nicht nur rechtsförmlich nach Privatrecht behandelt wird, sondern auch inhaltlich nicht auf die unmittelbare Erfüllung staatlicher Aufgaben gerichtet ist, jedenfalls aber einen Sonderbereich darstellt, der neben der unmittelbaren und mittelbaren Staatsverwaltung existiert. Hätte der Grundgesetzgeber mit Art. 30 GG eine Norm schaffen wollen, die weite Bereiche der überkommenen wirtschaftlichen Tätigkeit des Reichs aus kompetentiellen Gründen eliminieren sollte, so hätte angesichts des aus der Weimarer Zeit und dem nationalsozialistischen Regime überkommenen ausgedehnten Erbes der Bundesrepublik im Bereich der wirtschaftlichen Tätigkeit des Staates ein klares Wort erwartet werden dürfen.

Es erscheint deshalb eine Konzeption praktisch und verfassungsrechtlich vertretbar, die die *Teilnahme des Staates am wirtschaftlichen Wettbewerb* nicht der grundgesetzlichen Kompetenzordnung unterwirft. Eine solche Konzeption stünde mit den zitierten Entscheidungen des Bundesverfassungsgerichts nicht in Widerspruch, denn im Fernseh-Urteil ging es zwar auch um die Erfüllung staatlicher Aufgaben durch eine Bundes-GmbH; aber die dort in Rede stehende Deutschland-Fernsehen-GmbH stellte kein öffentliches, am wirtschaftlichen Wettbewerb teilnehmendes Unternehmen dar, sondern eine privatrechtliche Verwaltungsgesellschaft, welche eine monopolisierte, d. h. nicht dem Wettbewerb ausgesetzte Aufgabe erfüllen sollte. Insoweit ist das Fernseh-Urteil für die hier gestellte Problemlage schlechthin nicht einschlägig.

Sieht man einmal von solchen (Not-)Lösungen ab, so dürften sich, auch wenn man den Art. 30 GG streng handhabt, keine unüberwindbaren Schwierigkeiten stellen, die vorhandenen Bundesunternehmen auch (verbands-)kompetentiell vor dem Verdikt der Verfassungswidrigkeit zu retten. Denn wenn man den den öffentlichen Bundesunternehmen vorgegebenen öffentlichen Zweck auf eine höhere Abstraktionsebene zieht, läßt er sich mit hoher Sicherheit entweder unter den Kompetenztitel der Wirtschaftspolitik, Entwicklungspolitik, Technologie- und Forschungspolitik, Sozialpolitik oder Strukturpolitik einordnen[274]. Bei einer solchen Zuordnung müßte dann schon der weitere Nachweis geführt werden, daß alle vorgenannten Politiken nicht zum Zuständigkeitsbereich des Bundes gehören, um das entsprechende Bundesunternehmen als im Sinne des Art. 30 GG kompetenzwidrig qualifizieren zu können. In Wirklichkeit zeigt sich dann nämlich, daß es sich bei den genannten Politikbereichen um Materien handelt, die nicht trennscharf der einen oder anderen Ebene zugeordnet werden können und die sich deshalb bei globaler Betrachtung einer kompetentiellen Einordnung entziehen. Wirtschaftspolitik und Strukturpolitik lassen sich kompetentiell immer nur in konkreteren Ausprägungen festmachen. Bleibt der öffentliche Zweck eines Unternehmens oberhalb einer solchen Konkretisierung, ist die kompetentielle Einordnung der betreffenden wirtschaftlichen Betätigung (nur) zur einen oder anderen Ebene unmöglich.

Man kann also nach allem festhalten, daß sich Begrenzungen der wirtschaftlichen Betätigung des Bundes unter dem Gesichtspunkt der Verbandskompetenz kaum ergeben dürften.

b) Wirtschaftliche Betätigung der öffentlichen Hand und Gesetzesvorbehalt

Die grundsätzliche Problematik des Gesetzesvorbehaltes ist bereits in früherem Zusammenhang ausführlich dargestellt worden. Darauf kann verwiesen werden[275]. Im folgenden geht es darum, die dort gewonnenen Erkenntnisse und Ergebnisse unmittelbar auf die hier gestellte Frage anzuwenden. Insoweit ist zu unterscheiden zwischen besonderen *institutionellen Gesetzesvorbehalten* der Verfassung und dem *allgemeinen Gesetzesvorbehalt*[276]. Der institutionelle Gesetzesvorbehalt beruht nach den Begriffsumschreibungen des Schrifttums darauf, daß bestimmte organisatorische Einrichtungen als solche (z. B. kommunale Selbstverwaltung) aus politischen oder verfassungsstrukturellen Gründen in ihrer Bildung und Errichtung dem Gesetzgeber

---

[274] Dies sind die von *Matthöfer*, Funktion der Bundesunternehmen in der Marktwirtschaft, Bulletin vom 26. 9. 1979, Nr. 111/1032 angegebenen Zwecke der Bundesunternehmen.

[275] Vgl. oben IV. 6. e) dd).

[276] *Ernst-Wolfgang Böckenförde*, Die Organisationsgewalt im Bereich der Regierung, 1964, S. 84 ff.; *Ossenbühl*, Verwaltungsvorschriften und Grundgesetz, 1968, S. 262 ff.; *Schmidt-Aßmann*, Verwaltungsorganisation zwischen parlamentarischer Steuerung und exekutivischer Organisationsgewalt, in: Festschrift für Hans Peter Ipsen, 1977, S. 333 ff.

vorbehalten bleiben. Hierin liegt jedoch kein tragender Unterschied zum allgemeinen Gesetzesvorbehalt[277]. Denn nachdem sich in neuerer Zeit in zunehmendem Maße die demokratische Komponente des allgemeinen Gesetzesvorbehaltes gegenüber seiner herkömmlichen rechtsstaatlichen Orientierung in den Vordergrund geschoben und die sog. Wesentlichkeitstheorie sich als Kompetenzmaßstab durchgesetzt hat[278], geht es im einen wie im andern Falle um nichts anderes als um das Bestreben, das „politisch Wichtige" im Staate der parlamentarischen Entscheidung vorzubehalten[279]. Bei den institutionellen Gesetzesvorbehalten wird nur der begrüßenswerte Versuch gemacht, das „politisch Wichtige" für den Bereich der Organisationsgewalt sachangemessen zu konkretisieren.

aa) Institutionelle Gesetzesvorbehalte

Besondere institutionelle Gesetzesvorbehalte sind in der Verfassung zum Teil explicit genannt. Im vorliegenden Zusammenhang könnte insoweit der institutionelle Gesetzesvorbehalt des Art. 87 Abs. 3 GG von Bedeutung sein. Nach dieser Verfassungsvorschrift können für Angelegenheiten, für die dem Bunde die Gesetzgebung zusteht, selbständige Bundesoberbehörden und neue bundesunmittelbare Körperschaften und Anstalten des öffentlichen Rechtes *durch Bundesgesetz* errichtet werden. Bei „dringendem Bedarf" kann auch ein behördlicher Unterbau geschaffen werden.

Thematisch regelt Art. 87 Abs. 3 GG also u. a. den Ausbau der mittelbaren Bundesverwaltung. Ausdrücklich genannt sind jedoch nur die „Bundesoberbehörden" und „bundesunmittelbaren Körperschaften und Anstalten des öffentlichen Rechts", also kurz gesagt die öffentlichrechtlich organisierte mittelbare Bundesverwaltung. Nach dem Wortlaut der Vorschrift ist damit die „mittelbare Bundesverwaltung *in Privatrechtsformen*" ausgenommen. Gleichwohl ist in der Staatspraxis gelegentlich die Meinung vertreten worden, daß Art. 87 Abs. 3 GG auf Privateinrichtungen, die staatliche Aufgaben erfüllen, entsprechende Anwendung finde[280].

Praktisch werden kann diese Auffassung nur dann, wenn Privateinrichtungen neu gegründet werden sollen. Dies bedeutet im Zusam-

---

[277] So aber *Böckenförde* (FN 276), S. 95.
[278] Vgl. oben IV. 6. e) dd).
[279] Vgl. in diesem Sinne schon *Ossenbühl*, Verwaltungsvorschriften und Grundgesetz, 1968, S. 270.
[280] Vgl. zuletzt in diesem Sinne die Stellungnahme des Bundesrates (Bundestagsdrucksache 8/2940) zu § 2 Abs. 3 des Filmförderungsgesetzes (Bundestagsdrucksache 8/2792), der vorsah, daß die Filmförderungsanstalt zur Erfüllung ihrer Aufgaben, „Einrichtungen des Privatrechts gründen sowie sich an solchen Gründungen beteiligen kann". Hier hat der Bundesrat verlangt, daß diese Einrichtungen „durch Gesetz konkret bezeichnet werden müssen".

menhang dieser Untersuchung: die vom Bundesrat geäußerte Meinung gewinnt nur dann Relevanz, wenn die DBP Tochterunternehmen gründen will, die neue Aufgaben übernehmen sollen.

Im Schrifttum wird bezweifelt, ob Art. 87 Abs. 3 GG auch die Unternehmensgründung durch den Bund erfaßt[281]. Selbst für die Einrichtung von privaten Verwaltungsgesellschaften des Bundes etwa im Rahmen der Subventionsverwaltung wird nicht gefordert, daß die betreffende privatrechtlich organisierte Verwaltungseinrichtung durch Bundesgesetz geschaffen werden muß[282]. Selbst wer sich dieser Auffassung nicht anschließen wollte, hätte zu beachten, daß Art. 87 Abs. 3 GG nur die gesetzesakzessorische Verwaltung erfaßt, nicht hingegen den gesetzesfreien Bereich, in dem von der Sache her im Regelfall die „Verwaltung durch Unternehmen" angesiedelt ist.

bb) *Allgemeiner Gesetzesvorbehalt*

Der allgemeine Gesetzesvorbehalt beruht, wie mehrfach hervorgehoben, auf dem Gedanken, daß alle wesentlichen Entscheidungen im Staate dem Parlament vorbehalten sein sollen. Jedoch fehlt es bislang weithin an praktikablen Kriterien, mit deren Hilfe sich die „Wesentlichkeit" einer Entscheidung „rationalisieren" ließe. Für den Bereich der wirtschaftlichen Betätigung des Staates wird die Notwendigkeit einer gesetzlichen Ermächtigung — freilich aus den verschiedensten Gründen — nahezu einhellig abgelehnt[283]. Eine *pauschale* Antwort auf die Frage nach dem Gesetzesvorbehalt im Bereich wirtschaftlicher Betätigung des Staates dürfte kaum sachangemessen sein. Nicht jede Teilnahme am Wirtschaftsleben durch den Staat hat gleiche Bedeutung und gleiches Gewicht. Vielmehr dürfte es geboten sein zu differenzieren. Dabei wird es gewiß Beispiele und Situationen geben, in welchen die „Grundrechtsrelevanz" der wirtschaftlichen Betätigung der öffentlichen Hand und die Bedeutung der Aufgabe ein Maß annehmen, das den originären Funktionsbereich der Exekutive überschreitet und eine parlamentarische Entscheidung erforderlich macht. Wo solche Grenzen der exekutiven Kompetenz erreicht sind, wird man nur am Einzelfall beurteilen können. Das Problem bedarf jedoch an dieser Stelle keiner weiteren Vertiefung, denn es darf nicht unbeachtet bleiben, daß das Erfordernis der gesetzlichen Ermächtigung zur wirt-

---

[281] Vgl. *Püttner*, Die öffentlichen Unternehmen, 1969, S. 236.
[282] Vgl. *Götz*, Recht der Wirtschaftssubventionen, 1966, S. 313 f.
[283] Vgl. *Emmerich*, Das Wirtschaftsrecht der öffentlichen Unternehmen, 1969, S. 110 ff.; *Hans Klein*, Die Teilnahme des Staates am wirtschaftlichen Wettbewerb, 1968, S. 158; *Scholz*, Das Wirtschaftsrecht der öffentlichen Unternehmen, AöR 97 (1972), S. 306; *Püttner*, Die öffentlichen Unternehmen, 1969, S. 191 ff.; kritisch *Isensee*, Privatwirtschaftliche Expansion öffentlich-rechtlicher Versicherer, DB 1979, S. 4.

schaftlichen Betätigung durch die öffentliche Hand weithin ausdrücklich erfüllt ist[284]. Was die wirtschaftliche Betätigung des Bundes anbetrifft, so dürfte — von den verfassungsrechtlichen Funktionsgarantien für Bundespost und Bundesbahn abgesehen — dem allgemeinen Gesetzesvorbehalt durch § 65 BHO Genüge getan sein. In dieser Vorschrift sind die Voraussetzungen fixiert, unter denen der Bund sich am Wirtschaftsleben beteiligen darf. Es wäre eine Überstrapazierung des Gesetzesvorbehaltes, wollte man darüber hinaus für jede Unternehmensgründung oder Beteiligung ein besonderes förmliches Gesetz fordern. Das Parlament hat den Lauf der Dinge überdies mit Hilfe der Haushaltsentscheidungen und dem jederzeit aktivierbaren Zugriffsrecht[285] in der Hand und unter Kontrolle.

c) Regierungskompetenz und Ressortkompetenz

Nach dem Vorgesagten liegt die Entscheidung über die wirtschaftliche Betätigung des Bundes im Rahmen der BHO bei der Exekutive. Deshalb taucht die weitere Frage auf, welche Instanz der Exekutive die Entscheidung über die Gründung eines Unternehmens oder die Beteiligung an einem Unternehmen prinzipiell zu treffen hat. Auch insoweit wird man keine starren Regeln aufstellen können, sondern weithin den politischen Gehalt der zu treffenden Entscheidung zu beachten haben.

Generell läßt sich zunächst die Aussage machen, daß kein Ressortminister über sein Ressort hinausgreifen darf. Diese an sich selbstverständliche Feststellung hat für die DBP insoweit besondere Bedeutung, als der schon in früherem Zusammenhang angesprochene § 12 Abs. 1 Nr. 5 PostVerwG die Entscheidung über Änderungen und Erweiterungen des Wirkungskreises der DBP in die Zuständigkeit des Verwaltungsrates stellt. Die Zuständigkeit des Verwaltungsrates besteht jedoch nur im Rahmen der Ressortkompetenz des Ministers für das Post- und Fernmeldewesen. Dies bedeutet, daß der Verwaltungsrat keinesfalls eine wirtschaftliche Betätigung der DBP beschließen kann, die den Ressorts anderer Ministerien zuzuordnen wäre. So ist beispielsweise, wie schon in früherem Zusammenhang nachgewiesen, der Einstieg in das Kreditgeschäft nicht mehr durch den Kompetenztitel des „Postwesens" abgedeckt. Diese Feststellung besagt natürlich noch nichts zu der Frage, ob der Bund als Hoheitsträger nicht das Kreditgeschäft im Wettbewerb mit privaten Banken betreiben darf. Ist dies der Fall, so wäre eine solche Betätigung ressortmäßig zuzuordnen, sofern sie sich aufgrund klarer Aussagen über die Ressortgrenzen nicht von

---

[284] Vgl. *Püttner*, Die öffentlichen Unternehmen, 1969, S. 194.
[285] Dazu *Ernst-Wolfgang Böckenförde*, Die Organisationsgewalt im Bereich der Regierung, 1964, S. 104 ff.

selbst ergibt. Fest steht aber jedenfalls, daß die Errichtung von Staatsbanken, die auch das Kreditgeschäft betreiben, nicht von vornherein zur Ressortkompetenz des Bundesministers für das Post- und Fernmeldewesen gehören, wenngleich nicht ausgeschlossen werden soll, daß dieser Minister zuständig gemacht werden kann; entscheidend ist jedoch, daß eine sachliche Zuständigkeit für diese Tätigkeit nicht schon jetzt kraft Ressortumschreibung gegeben ist.

Eine zweite Orientierungsmarke für die Kompetenzverteilung innerhalb der Bundesregierung ergibt sich aus der Tragweite und dem Charakter des öffentlichen Zwecks, dem das öffentliche Unternehmen dienen soll. Öffentliche Zwecke hängen unmittelbar mit ihnen zugrunde liegenden staatlichen Aufgaben zusammen. Aus dieser Sicht ist schon thematisch die Anbindung an die Ressortkompetenzen gegeben. Aber die öffentlichen Zwecke, die mit einem Unternehmen verfolgt werden können, lassen sich nicht immer (nur) mit bestimmten Aufgaben verbinden. So kann z. B. der öffentliche Zweck der Arbeitsplatzvorsorge auf die unterschiedlichste Weise verfolgt werden, u. a. auch durch jedes einzelne Ressort, entweder durch Expansion des Aufgabenkreises oder eine entsprechende Personalpolitik etc. Die Entscheidung, ob es jedoch aus der Sicht des Bundes überhaupt angezeigt ist, etwa durch Ausweitung des öffentlichen Dienstes neue Arbeitsplätze zu schaffen, ist eine Grundsatzfrage, die über die einzelne Ressortkompetenz hinausgeht und entweder einer Richtlinienentscheidung des Bundeskanzlers bedarf oder doch zumindest einer Kollegialentscheidung der Bundesregierung, wenn nicht sogar eines Gesetzes[286]. Ferner bedarf keiner Erwähnung, daß die DBP schon unter dem Gesichtspunkt der Ressortkompetenz keine bloßen Arbeitsbeschaffungsunternehmen errichten oder betreiben darf. Die von ihr in Angriff genommene wirtschaftliche Betätigung muß prinzipiell durch einen öffentlichen *Verkehrs*zweck im weiteren Sinne legitimiert sein.

d) Sog. Randnutzungen

Erwähnung verdient im vorliegenden Zusammenhang schließlich die Figur der sog. Randnutzung. Sie hat namentlich in der Diskussion um die Zulässigkeit des Werbefernsehens eine maßgebliche Rolle gespielt[287]. Sie ist seinerzeit als „eine als Annexfunktion betriebene Teilfinanzierung des Rundfunks durch eine fiskalisch-wirtschaftliche Ausnutzung

---

[286] Vgl. oben IV. 3. d).
[287] Vgl. *Lerche*, Rechtsprobleme des Werbefernsehens, 1965, S. 19 f.; *Leisner*, Werbefernsehen und Öffentliches Recht, 1967, S. 69 ff.; *Seeger*, Die Produktion von Bildkassetten durch Rundfunkanstalten, DÖV 1972, 253 ff. (261 ff.); *Ipsen*, Zum Funktionsbereich der öffentlich-rechtlichen Rundfunkanstalten außerhalb der unmittelbaren Programmverantwortung, DÖV 1974, 721 ff. (731 f.).

der den Rundfunkanstalten zur Verfügung stehenden sächlichen Betriebsmittel" qualifiziert worden[288]. Ins Allgemeine gewendet versteht man unter Randnutzung die „bei Gelegenheit" ihrer Aufgabenerfüllung betriebene wirtschaftliche Tätigkeit einer öffentlichen Anstalt, um sonst brachliegendes Wirtschaftspotential — das im übrigen aber öffentlichen Zwecken dient — auszunutzen[289]. Als klassische Beispiele einer Randnutzung gelten die Post- und Eisenbahnreklame[290]. Die Figur der Randnutzung wird gerechtfertigt durch das Wirtschaftlichkeitsprinzip, welches die öffentlichen Aufgabenträger anhält, ihr Kräftepotential voll auszulasten.

Die Randnutzung gehört zum Problem des Funktionsbereichs öffentlicher Aufgabenträger. Mit Hilfe der Vorstellung von der Randnutzung sollen gewisse wirtschaftliche Nebentätigkeiten, die nicht mehr unmittelbar der Verfolgung des jeweiligen öffentlichen Zwecks dienen, als zum Funktionskreis des jeweiligen Aufgabenträgers gehörend gerechtfertigt werden. Einzelheiten sind weiterhin umstritten und unklar[291]. Für die in dieser Untersuchung anstehenden Probleme ist die Vorstellung der Randnutzung nur bedingt verwertbar. Die Randnutzungs-Idee ist für öffentlich-rechtliche Anstalten mit Spezialzuständigkeiten entwickelt worden. Sie läßt sich auf Gebietskörperschaften mit umfassender Zuständigkeit nicht ohne weiteres übertragen. Hier tauchen keine Randnutzungsprobleme in diesem Sinne auf.

Anders ist die Situation, wenn man die Randnutzung in den Zusammenhang der Ressortkompetenzen stellt. Hier kann die Randnutzung eine Abgrenzungshilfe bieten. Wenn beispielsweise die DBP ihr Verwaltungspotential in freien Spitzen „vermarktet", so wäre dies, ungeachtet der sonstigen Zulässigkeit eines solchen Vorgehens, eine Angelegenheit, die der Verwaltungsrat entscheiden könnte.

6. Begrenzungen durch die öffentlich-rechtliche Rechtsform und Rechtsnatur der DBP

Die Frage, ob sich einer über das postalische Wirken im verfassungsrechtlichen Sinne (Art. 73 Nr. 7, 87 Abs. 1 GG) hinausgehenden Teilnahme der DBP am wirtschaftlichen Wettbewerb Begrenzungen aus der öffentlich-rechtlichen Rechtsform und Rechtsnatur der DBP entgegenstellen, kann nur in differenzierender Sicht erörtert werden.

---

[288] *Lerche,* Rechtsprobleme des Werbefernsehens, 1965, S. 19 f.
[289] So *Leisner* (FN 287), S. 18 mit zahlreichen Nachweisen.
[290] Vgl. *Ipsen* (FN 287), S. 732; *Leisner* (FN 287), S. 71; *Seeger* (FN 287), S. 261; *Hans Schneider,* Werbung im Rundfunk, 1965, S. 15 ff.
[291] Vgl. namentlich die Kritik von *Seeger* (FN 287), S. 261 ff.

Die DBP bildet ein öffentlich-rechtliches Sondervermögen, welches „dem Post- und Fernmeldewesen gewidmet" ist (§ 3 Abs. 1 PostVerwG), und sie bietet ihre Leistungen in den Formen des öffentlichen Rechts dar. Die Teilnahme des Bundes am wirtschaftlichen Wettbewerb vollzieht sich hingegen in den Organisations- unnd Handlungsformen des Privatrechts. Aus diesem Unterschied ergibt sich die Frage, ob eine Teilnahme der DBP am wirtschaftlichen Wettbewerb nicht schon aus Gründen der Rechtsformvermischung oder einer unzulässigen Verkoppelung von öffentlich-rechtlicher Aufgabenerfüllung und privatwirtschaftlicher Wettbewerbsteilnahme ausscheidet.

Vorweg sei bemerkt, daß sich dieses Problem nicht durch den Hinweis darauf erledigen läßt, der Staat könne seine Wettbewerbsteilnahme auch öffentlich-rechtlich organisieren. Diese gelegentlich anzutreffende These[292] vermengt unterschiedliche Problemkreise. Der Staat kann z. B. Kredite durch Staatsbanken in der Form privater Gesellschaften auf der Grundlage privatrechtlicher Darlehensverträge gewähren; er kann dies aber auch tun durch Subventionsverwaltungsbehörden auf dem Wege des Abschlusses öffentlich-rechtlicher Verträge oder durch den Erlaß von (Subventions-)Verwaltungsakten. Beide Wege stehen zur unmittelbaren Erfüllung staatlicher Aufgaben offen; dies geschieht in einem Falle durch Einschaltung und Teilnahme des Staates am wirtschaftlichen Wettbewerb in privatrechtlichen Formen, im andern Falle durch öffentlich-rechtliche Hoheitsverwaltung. Beide Fälle unterstehen unterschiedlichen Rechtsregimen, insbesondere etwa unter dem Gesichtspunkt des Wettbewerbsrechts[293]. Hierbei ist unbeachtlich, daß in beiden Fällen eine faktische „Konkurrenz" zwischen privater Wirtschaftstätigkeit und öffentlich-rechtlicher Staatsaufgabenerfüllung besteht. Von einer Teilnahme des Staates am wirtschaftlichen Wettbewerb, mit der sich der Staat den Wettbewerbsregeln gleichsam unterstellt, kann und sollte jedoch nur gesprochen werden, wenn der Staat wie ein Privatunternehmen in privatrechtlichen Formen handelt. Der übrige Konkurrenzbereich betrifft (echte) rechtsförmliche Hoheitsverwaltung, die im vorigen Abschnitt als „sonstige Hoheitsverwaltung des Bundes außerhalb des Postwesens" behandelt worden ist. Sie stellt einen Ausschnitt aus dem Kreis der staatlichen Leistungsverwaltung dar.

Das Problem eines potentiellen Verbotes der Koppelung unterschiedlicher rechtlicher Handlungsformen und Rechtsregime systematisch zu erfassen und zu verankern ist schwierig. Das Koppelungsverbot ist

---

[292] Vgl. *Hans Klein*, Die Teilnahme des Staates am wirtschaftlichen Wettbewerb, 1968, S. 239.

[293] Vgl. z. B. *OLG Düsseldorf* NJW 1974, 802; *Scholz*, Wettbewerb der öffentlichen Hand — Sanktions- und Rechtswegprobleme zwischen öffentlichem Recht und Privatrecht, NJW 1974, 781.

eine Maxime, die in verschiedenen Bezirken unserer Rechtsordnung eine Rolle spielt. Im öffentlichen Recht hat das Koppelungsverbot beispielsweise für den öffentlich-rechtlichen Vertrag in § 56 Abs. 1 des Verwaltungsverfahrensgesetzes seinen positivrechtlichen Niederschlag gefunden. Aber es ist nicht auf das Vertragsrecht beschränkt[294]. Einen breiten Raum nimmt das Koppelungsverbot im Wettbewerbsrecht ein[295]. Darauf ist sogleich zurückzukommen.

An dieser Stelle bleibt lediglich die Frage zu beantworten, ob sich ein Koppelungsverbot aus öffentlich-rechtlicher Sicht herleiten läßt. Einen Ansatzpunkt für eine solche Sicht bietet die für das „Post- und Fernmeldewesen" vorgesehene Bildung eines Sondervermögens nach § 3 Abs. 1 PostVerwG. Mit der Bildung des Sondervermögens ist eine Aufgabenwidmung verbunden, d. h. eine Zweckbindung des Vermögens. Die Bildung eines Sondervermögens für einen bestimmten Aufgabenbereich („Post- und Fernmeldewesen") hat eine eigene Wirtschafts- und Rechnungsführung zur Folge. Im Staatshaushaltsplan werden nur die Zuführungen und Ablieferungen veranschlagt (§ 26 Abs. BHO). Aus dieser Korrespondenz zwischen Aufgaben und Sondervermögen resultiert die Konsequenz, daß das Sondervermögen der DBP nur für *den* Aufgabenbereich eingesetzt werden darf, der zum „Post- und Fernmeldewesen" im Sinne der Widmungsvorschrift des § 3 Abs. 1 PostVerwG gehört. Ob dieser Aufgabenbestand in § 1 des Postgesetzes abschließend umrissen ist, mag wegen § 12 Abs. 1 Nr. 5 PostVerwG zweifelhaft erscheinen[296].

Jedenfalls wird man zum Bereich des „Post- und Fernmeldewesens" nicht mehr solche Aufgaben rechnen können, die nach den bisherigen Feststellungen unter keinen denkbaren Gesichtspunkten unter diesen Kompetenztitel gebracht werden können. Dazu gehört beispielsweise der Einstieg ins Kreditgeschäft, unabhängig davon, ob die Kredite aus den Spareinlagen des Postsparkassendienstes oder aus Fremdgeldern abgedeckt würden.

Daraus folgt noch keineswegs endgültig, daß die Aufnahme von Kreditgeschäften durch die DBP unter keinen denkbaren Gesichtspunkten zulässig wäre. Vielmehr kann der Bund als Hoheitsträger am allgemeinen Kreditwesen teilnehmen, sofern ein öffentlicher Zweck — etwa mangelnde Kreditversorgung durch die Privatbanken — dies gebietet. Innerhalb des Bundes kann sodann, obwohl dies nicht den

---

[294] Vgl. z. B. *Rupp*, Zur Problematik öffentlich-rechtlicher Machtpotenzierung durch Funktionenkombination, NJW 1968, 569 ff.
[295] Vgl. *Hans Klein*, Die Teilnahme des Staates am wirtschaftlichen Wettbewerb, 1968, S. 252 ff.; *Schricker*, Wirtschaftliche Tätigkeit der öffentlichen Hand und unlauterer Wettbewerb, 1964, S. 168 ff.
[296] Vgl. oben sub IV. 6. e) cc).

bisherigen Ressortzuordnungen entspräche, diese Aufgabe der DBP kompetentiell zugewiesen werden. Aber es würde sich dann um eine postfremde (zusätzliche) Aufgabe handeln, die auch vermögensrechtlich getrennt gehalten werden müßte, sofern nicht formalgesetzlich eine Einbeziehung in den Sondervermögenszweck angeordnet würde. Es empfiehlt sich deshalb schon unter diesem Gesichtspunkt auch eine organisatorische Abtrennung, wie dies etwa in Gestalt der Postreklame GmbH geschehen ist, obwohl es sich hierbei m. E. um eine Randnutzung handelt, die noch vom Kompetenzbereich des „Postwesens" umfaßt wird.

7. Begrenzungen durch einfaches Gesetzesrecht

a) Bundeshaushaltsordnung

Die Frage, ob und unter welchen Voraussetzungen der Bund sich am wirtschaftlichen Wettbewerb beteiligen darf, ist in § 65 BHO angesprochen. Allerdings stellt diese Gesetzesvorschrift keine umfassende Regelung der Wettbewerbsteilnahme des Bundes dar. Zunächst ist zu bemerken, daß es sich (lediglich) um eine Soll-Vorschrift handelt. § 65 BHO ist nicht als zwingendes, keine Ausnahme duldendes Recht formuliert. Doch dürfte dieser Unterschied gering zu veranschlagen sein. Insbesondere ist zu beachten, daß die in § 65 BHO aufgezählten Voraussetzungen über die Notwendigkeit eines öffentlichen Zwecks und eines Erfüllungsdefizits der Privatwirtschaft hinaus weitere Details betrifft — wie die Begrenzung der Einzahlungsverpflichtung des Bundes auf einen bestimmten Betrag, die Bewahrung eines „angemessenen Einflusses des Bundes" usw. — deren kumulatives Vorliegen im Einzelfall u. U. nicht gegeben ist, obwohl aus zwingenden Gründen eine Beteiligung des Bundes geboten erscheint. Insoweit wird man die Soll-Vorschrift des § 65 Abs. 1 BHO so verstehen müssen, daß sie prinzipiell Dispense erlaubt von den Voraussetzungen der Nrn. 2 - 4, hingegen prinzipiell nicht von der Voraussetzung Nr. 1 (öffentlicher Zweck), weil es sich hierbei nur um die einfachgesetzliche Ausprägung eines verfassungsrechtlichen Erfordernisses handelt[297].

Des weiteren ist zu bemerken, daß § 65 BHO seinem Wortlaut nach nur „Beteiligungen" des Bundes an Privatunternehmen regelt. Thematisch gilt jedoch § 65 Abs. 1 Nr. 1 BHO selbstredend auch für jene Fälle, in denen die privatrechtlich organisierten Unternehmen sich ausschließlich in öffentlicher Hand befinden oder allein vom Bund betrieben werden.

---

[297] Dazu oben VI. 3.

b) Gesetz gegen den unlauteren Wettbewerb (UWG)

Das Gesetz gegen den unlauteren Wettbewerb regelt nicht die Frage der *Zulassung* zum Wettbewerb, sondern vielmehr nur die Frage des zulässigen Wettbewerbs*verhaltens*. Insoweit liegen rechtliche Aspekte des unlauteren Wettbewerbs bereits außerhalb der hier gestellten Problematik. Im Rahmen dieser Untersuchung geht es (lediglich) um die Frage, ob die öffentliche Hand überhaupt in den Wettbewerb eintreten darf, nicht (auch) darum, wie sie sich in diesem Wettbewerb verhalten muß. Die Frage des „Ob" richtet sich jedoch nicht nach privatrechtlichen Regeln, sondern nach der öffentlich-rechtlichen Zuständigkeitsordnung[298].

Die öffentlich-rechtliche Zuständigkeitsordnung und die privatrechtliche Wettbewerbsordnung stehen somit thematisch nebeneinander. Ein Konflikt oder eine Überschneidung beider ist grundsätzlich ausgeschlossen. Jedoch ergeben sich u. U. Verschränkungen, die in Einzelfällen dazu führen können, daß Verletzungen oder Überschreitungen der öffentlich-rechtlichen Kompetenz- und Zweckordnung als wettbewerbswidriges Verhalten zu qualifizieren sind und deshalb gegen § 1 UWG verstoßen[299]. Diese denkbare thematische Verquickung zwischen dem „Ob" und „Wie" der Wettbewerbsteilnahme der öffentlichen Hand wird deutlich, wenn man sich die Typologie des wettbewerbswidrigen Verhaltens der öffentlichen Hand vor Augen führt. Nach *Schricker*[300] sind danach folgende Hauptformen zu unterscheiden:

— Mißbrauch amtlicher Autorität,
— Behinderungswettbewerb durch die öffentliche Hand,
— Ausnutzung amtlicher Beziehungen zum Wettbewerb,
— Ausnutzung amtlicher Kenntnisse und Geheimnisse,
— Unlautere Preisunterbietung,
— Zweckwidriger Einsatz öffentlicher Einrichtungen und Mittel,
— Mißbräuchliche Ausnutzung von Monopolstellungen.

Wenn also beispielsweise die öffentliche Hand öffentliche Einrichtungen zweckwidrig einsetzt, kann darin ein Verstoß gegen die öffentlich-rechtliche Kompetenzordnung und zugleich auch gegen das Gebot lauteren Wettbewerbsverhaltens liegen. Für den hiesigen Zusammenhang bedarf diese Frage jedoch keiner Vertiefung. Denn das UWG schafft (lediglich) einen zusätzlichen Verletzungstatbestand mit zusätzlichen Sanktionen. Die Frage der Zulassung zum Wettbewerb bleibt prinzipiell außerhalb seiner Regelungsthematik.

---
[298] Vgl. *Scholz*, Wettbewerbsrecht und öffentliche Hand, ZHR 132 (1969), 97 ff. (134); BVerwGE 39, 329 (337); BGH DÖV 1974, 785 mit Anm. *Püttner*.
[299] Vgl. *Scholz* (FN 298), S. 139 ff.
[300] *Schricker* (FN 295), S. 169 ff.

c) Gesetz gegen Wettbewerbsbeschränkungen (GWB)

Die vorstehenden Überlegungen zum UWG gelten in gleicher Weise für das GWB, soweit es auf die wirtschaftliche Betätigung der öffentlichen Hand anwendbar ist (vgl. §§ 98, 99 GWB). Auch das GWB regelt das „Wie" des Wettbewerbs, nicht aber den Zugang der öffentlichen Hand zum Wettbewerb.

8. Zwischenergebnis

a) Die öffentliche Hand kann die ihr obliegenden Aufgaben auch durch Teilnahme am wirtschaftlichen Wettbewerb erfüllen. Die Teilnahme der öffentlichen Hand am wirtschaftlichen Wettbewerb ist verfassungsrechtlich nur dann legitimiert, wenn sie durch einen sachlichen öffentlichen Zweck geboten ist. Bloßes erwerbswirtschaftliches Gewinnstreben stellt keinen legitimen öffentlichen Zweck in diesem Sinne dar.

b) Die Grundrechte implizieren keine generelle Zulassungssperre der öffentlichen Hand für die Teilnahme am allgemeinen wirtschaftlichen Wettbewerb, führen jedoch zu einem Legitimationszwang. Bei einem Verdrängungswettbewerb mit monopolistischem Effekt wird der Legitimationszwang so stark, daß er mit einiger Wahrscheinlichkeit, aber nicht notwendig, in eine (partielle) Funktionssperre umschlagen kann.

c) Die Verbandskompetenz des Bundes zur Sozialwirtschaft ist verfassungsrechtlich nicht eindeutig, läßt sich aber rechtfertigen. — Soweit die wirtschaftliche Betätigung des Bundes dem Gesetzesvorbehalt unterliegt, ist in § 65 BHO eine ausreichende Ermächtigungsgrundlage vorhanden. — Die wirtschaftliche Betätigung des Bundes bedarf der ressortmäßigen Zuordnung.

d) Das dem „Post- und Fernmeldewesen gewidmete Sondervermögen" der DBP darf nicht zur Erfüllung von Aufgaben außerhalb des Post- und Fernmeldewesens eingesetzt werden. Soweit die DBP für „postfremde" Aufgaben für zuständig erklärt wird, ist die Erfüllung dieser Aufgaben vermögensrechtlich separat zu halten.

e) Die Grenzen der Zulässigkeit der wirtschaftlichen Betätigung des Bundes werden durch § 65 BHO konkretisiert. Die Vorschriften des UWG und des GWB regeln demgegenüber thematisch nicht den Zugang zum Wettbewerb, sondern vielmehr (nur) das Wettbewerbsverhalten.

9. Anwendung der Ergebnisse auf die Erweiterungsprojekte der DBP

a) Generelle Beurteilung

Nach den vorliegenden Informationen stehen für eine Erweiterung der Tätigkeit der DBP zwei Motive im Vordergrund:
— die stagnierende und teils rückläufige Inanspruchnahme der Postdienste mit den daraus sich ergebenden ökonomischen Konsequenzen,
— die Bereitstellung neuer Arbeitsplätze.

Nach dem Ergebnis der Leistungs- und Kostenrechnung der DBP für das Jahr 1978 mit einer Kostenüberdeckung in Höhe von rd. 3,7 Mrd. DM[301] dürfte der Gedanke der Arbeitsplatzvorsorge besonderes Gewicht gewinnen.

Zu beiden Motiven ist nach den angestellten Überlegungen folgendes festzuhalten:

Erstens: Bloßes erwerbswirtschaftliches Gewinnstreben ist kein legitimer öffentlicher Zweck für die wirtschaftliche Betätigung der öffentlichen Hand und vermag allein keine Ausweitung der Dienstleistungen der DBP zu rechtfertigen.

Zweitens: Die Arbeitsplatzvorsorge ist unbestreitbar eine wichtige öffentliche Aufgabe. Ob eine Ausweitung der Dienste der DBP neue Arbeitsplätze schafft oder nur vorhandene verlagert, erscheint zweifelhaft. Davon abgesehen ist die Arbeitsplatzvorsorge keine Unternehmenskompetenz der DBP und kann deshalb auch keine legitimierende Grundlage für eine bestimmte Unternehmenspolitik abgeben. Vielmehr bedarf es hierzu einer koordinierenden Entscheidung, die nur vom Bundeskanzler, der Bundesregierung oder dem Bundestag getroffen werden kann.

b) Beurteilung einzelner Erweiterungsprojekte

Die folgenden Ausführungen betreffen nur solche Projekte, die nicht unter das „Postwesen" subsumiert oder als „sonstige Hoheitsverwaltung des Bundes außerhalb des Postwesens" qualifiziert werden können.

aa) Die gesamte Problematik der „Teilnahme der öffentlichen Hand am wirtschaftlichen Wettbewerb" ist nicht einschlägig, soweit es um den *Verkauf von Fahrausweisen der Dortmunder Stadtwerke AG* geht. Der privatwirtschaftliche Sektor bleibt von der Delegation des

---
[301] Vgl. Bulletin v. 4. Oktober 1979, Nr. 117 S. 1091.

Fahrausweis-Verkaufs an die DBP unberührt, weil sich dieser Vorgang zwischen zwei öffentlichen Unternehmen im Rahmen der unmittelbaren Erfüllung kommunaler Aufgaben abspielt. Es handelt sich praktisch nur um eine Aufgabenverlagerung im öffentlichen Sektor. — Sollte sich der Verkauf von Fahrausweisen mit dem vorhandenen Personal bewältigen lassen, läge eine „Randnutzung" vor, die nicht einmal Probleme der Entscheidungskompetenz aufkommen ließe.

bb) Der *Verkauf von Verpackungsmaterial* läßt sich in Grenzen als Randnutzung rechtfertigen. Er dürfte aber je nach Art und Ausgestaltung unter dem Gesichtspunkt der Rationalisierung und Vereinfachung der Beförderung auch unmittelbar als Bestandteil des „Postwesens" zu qualifizieren sein. Alsdann wäre der Verkauf in einer Verordnung öffentlich-rechtlich zu ordnen.

cc) Der *Verkauf von Gegenständen,* gleichgültig ob „für gemeinnützige Zwecke" oder aus „erwerbswirtschaftlichen Motiven", ob auf eigene Rechnung oder für Rechnung anderer, dürfte prinzipiell rechtlich unzulässig sein, weil es kaum möglich sein wird, einen legitimen öffentlichen Zweck für eine solche Beteiligung der DBP am allgemeinen Handelsverkehr zu benennen. Die Ausnutzung freigewordener Schalterkapazitäten in den einzelnen Postdienststellen allein kann eine Ausdehnung der öffentlichen Hand in den privatwirtschaftlichen Sektor nicht rechtfertigen. Sofern es sich um eine dauernde Freisetzung von Kapazitäten handelt, müssen sie durch Umorganisation oder Personaleinsparungen abgebaut werden.

Die genannten Zulässigkeitsvoraussetzungen können auch nicht dadurch ausgeräumt werden, daß Bund oder DBP Tochtergesellschaften in privatrechtlichen Rechtsformen nach dem Vorbild der Postreklame GmbH gründen.

dd) Der bereits begonnene *Verkauf von amexco-Reiseschecks* gehört ebenfalls in den Bereich der Teilnahme des Bundes am Wirtschaftsleben. Er bedarf deshalb der Rechtfertigung durch einen öffentlichen Zweck. Diesen Zweck wird man in dem Bedürfnis erblicken können, Reiseschecks möglichst an vielen Orten und zu günstigen Öffnungszeiten zu erhalten oder einzulösen. Diesem Bedürfnis kommt das verzweigte Dienststellennetz der DBP mit seinen Schalterstunden am besten entgegen.

ee) Das *Bereitstellen von Programmpaketen für Postscheckkunden* bedürfte, soweit es den Postscheck-„Kunden"-Dienst überschreitet, einer Rechtfertigung durch einen öffentlichen Zweck, der jedenfalls nicht allein in der Gewinnerzielung bestehen darf. Vielmehr bedarf es des Nachweises, daß ein öffentliches Bedürfnis vorliegt, welches auf andere Weise, namentlich durch das Leistungsangebot der Privatwirtschaft, nicht erfüllt wird.

ff) Die *Ausweitung der Postgelddienste auf andere Bankgeschäfte, namentlich das Kreditgeschäft*, ist nur zulässig, wenn die Kreditversorgung durch das bestehende Bankenwesen Mängel, Lücken oder Defizite aufweist, die es im öffentlichen Interesse zu beheben gilt. Die Entscheidung über die Aufnahme des Kreditgeschäfts durch den Bund gehört zum Zuständigkeitsbereich weder des Ministers für das Post- und Fernmeldewesen noch des Verwaltungsrates der DBP.

Printed by Libri Plureos GmbH
in Hamburg, Germany